AF609685

LES PAYSANS

LES PAYSANS

ET

LE SUFFRAGE UNIVERSEL

ÉTUDES

SOCIALES ET POLITIQUES

PAR

D. R.

PARIS
CHEZ TOUS LES LIBRAIRES

1869

APPEL

A LA BOURGEOISIE LIBERALE

A son patriotisme

ET

A ses lumières

PAR

D. R.

TABLE DES MATIÈRES.

PRÉFACE

PRÉFACE

Le Gouvernement condescend à se dire responsable ; mais, en dépit de cette bonté, quelque demande qu'on lui fît, il n'y pourrait pas répondre, parce qu'il ne peut pas être interrogé.

En réalité, de cette responsabilité, qui met dans ses mains tous les droits et tous les pouvoirs, qui se couvre par les candidatures officielles et par les votes mécaniques des paysans, il a su faire un système de direction sociale, très-spécieux, très-ingénieux, et qui élève le pouvoir à une perfection jusqu'ici vainement cherchée ; car, pour la première fois, la légalité la plus savante se concilie, à son profit, dans l'organisation politique, avec le despotisme le plus absolu.

C'est là, au point de vue historique, un ancien problème, où toutes les forces du césarisme et de l'église, du pouvoir militaire et du gouvernement civil, s'étaient usées jusqu'ici, en pure perte, et que le 2 décembre a parfaitement résolu du premier coup. Car, avec une apparence de souveraineté nationale, avec le semblant d'une délégation périodiquement rafraîchie et renouvelée, avec le cérémonial d'une libre discussion sur tout et à propos de tout, dans cette étonnante organisation, toutes les libertés publiques, toutes les aspirations individuelles, tous les ressorts de l'activité publique et privée aboutissent, en fait en droit, au pouvoir illimité d'un seul.

Pour perfection dernière, ce besoin de faire fortune par l'autorité; de servir, pour commander; d'échapper, par les fonctions publiques, aux luttes et aux mauvaises chances de la vie; d'ouvrir à son ambition et à ses talents la plus vaste carrière, au moyen d'une servilité sans bornes pour ce qui est au-dessus; de la compression la plus rigide, la plus impitoyable, pour ce qui est au-dessous; de vivre agréablement et fièrement du tribut, ainsi levé sur la vile multitude; de se tailler à son gré un morceau d'empire, bien commode et tout à fait satisfaisant, dans la servitude universelle; de trouver pour son industrie, quelle qu'elle soit, un emploi supérieurement lucratif, au service d'un commun maître; d'assouvir enfin toutes sortes d'appétits, hardiment aristocratiques, dans ce relâchement des mœurs, dans ces complaisances réciproques, dans ce matérialisme raffiné, qui accompagne d'ordinaire les grands excès de pouvoir; ce besoin, en un mot, ce penchant pervers, qu'a l'homme, de faire de l'homme sa chose et sa proie, a triomphé, depuis le 2 décembre, de toutes les résistances; ce fléau s'est vengé, en un seul jour, de tous les mécomptes, que la justice, la dignité humaine, des mœurs saines et fortes, avaient pu lui infliger jusqu'à ce jour : depuis ce jour donc, et pour la première fois, en France, le citoyen est devenu la chose et le jouet du fonctionnaire; et non-seulement la France est depuis lors restée, comme un hochet, aux mains du fonctionnaire, mais de plus son existence tout entière n'a plus eu de ressort ni de règle que la seule raison d'État.

II. De la raison d'État.

La raison d'État est ici un des éléments les plus importants du problème; c'est pourquoi nous y insistons dès le début.

A ne parler que de l'histoire contemporaine, selon nous, autre chose est le coup d'Etat, autre chose est la raison d'État. Le coup d'État n'est que l'accident, qui ne devait durer qu'un moment; mais la raison d'État est, pour le coup d'État, le principe, la suite et la règle. Le coup d'État, dans notre façon de voir, n'a été que l'introduction et aussi l'intronisation de la raison d'État. C'est pourquoi le coup d'État n'a eu qu'un jour, tandis que la raison d'État est restée.

La raison d'État, ainsi conçue, ne fait pas seulement des coups d'État; elle ne se borne pas à dépouiller, à un certain moment, la société de tous ses droits naturels et positifs, à renverser toutes les lois d'un seul coup; non, pour une raison d'État bien avisée, ce n'est là qu'une opération préliminaire : mais, lorsqu'enfin toute résistance est brisée, que tout obstacle a disparu, c'est le moment, pour la raison d'État qui entend son métier, de poser ses propres constructions sur des fondements solides.

Telle est, en réalité, la tâche dont, sous nos yeux, la raison d'État s'occupe depuis son avènement, et où elle montre, à toute occasion, autant d'habileté que d'énergie,

Ce qu'elle tente, ce qu'elle veut, peut, du reste, se définir d'un mot, s'il est besoin de définir ce que tout le monde sait, ce que tout le monde voit, ce qu'elle avoue d'ailleurs, avec une franchise qui sied à sa force.

La raison d'État veut tout simplement fonder en France une quatrième dynastie. Mais, instruite par de récents et de frappants exemples, que, sur le sol français, de grands hasards s'attachent naturellement à de semblables tentatives, afin de se mettre hors de pair, pour justifier la grandeur de son ambition par la supériorité de son génie, elle prétend, du premier coup, asseoir cet établissement sur d'inébranlables fondements et le soustraire d'avance à toutes les atteintes, soit du temps, soit des hommes.

Là est l'audace surprenante, là est la profondeur étonnante, là est l'imposante hauteur du système qui nous régit.

La raison d'État, qui a fait le principe et toute la suite du 2 décembre, veut qu'une sorte de religion bonapartiste s'empare à tout jamais de la conscience humaine, en y incarnant son droit avec son dogme; défi charmant à l'opiniâtre mobilité du destin!

Voilà ce qu'il s'agit d'inoculer à la France!

Afin de vacciner le patient plus à son aise, la raison d'État a su le coucher et le lier convenablement; telle est la raison, intime et profonde, de la gêne si étroite à laquelle nous restons soumis; elle ne nous ôtera pas nos liens, elle ne les détendra pas, tant que le virus sauveur n'aura pas pénétré jusqu'au fond de notre substance.

C'est une conduite, il faut qu'on l'avoue, d'une habileté incomparable et d'une rare grandeur.

III.

Les plus beaux perfectionnements qu'on eût vus jusqu'ici, en fait de pouvoir fort, l'inquisition et le césarisme, les voilà rapprochés et réunis, grâce à cet exemple.

Le césarisme des Romains n'offrait, personne ne l'ignore, que la perfection du légiste et du soldat.

L'église, après le césarisme, n'avait trouvé, on le voit bien, que la perfection du prêtre : il est vrai que, par le gouvernement des consciences, elle avait pu, la première, se flatter d'enchaîner, sans restriction, l'âme, la volonté, la pensée même ; mais après tout, ce n'était que l'être moral qu'elle tenait dans son étau.

Le césarisme, l'empire, comme nous l'avons dit, avait pu, avant l'église, saisir le corps, prendre la matière, fortune ou vie, or ou sang; mais il ne tenait pas l'âme.

Ainsi, jusque-là les deux moitiés du chef-

'œuvre, dans l'art d'enchaîner l'homme, restaient incomplètes, par cela même qu'elles restaient séparées.

Pour les réunir et les souder, il fallait peut-être le bon et le mauvais génie de 89; il fallait peut-être, pour que ce progrès suprême fût possible, que le monde eût vu le dernier mot de sagesse et de la folie, en matière de révolution; il fallait attendre, pour voir le terme extrême de l'évolution humaine, que la révolution eût atteint et dépassé les termes extrêmes de a tyrannie et de la licence : mais enfin, après ces laborieuses semailles, voici la moisson; désormais, le génie du despotisme pourra dormir sur ses lauriers; car, pour la première fois en ce monde, voici un gouvernement qui a saisi l'homme et qui le tient par l'âme, par la volonté, par la pensée.

Insensé, qui aurait seulement la pensée de lui résister! Aveugle, qui méconnaîtrait l'incomparable sagesse des mesures qu'il a prises!

A toutes les ambitions et à tous les talents, il a su imposer sa livrée; en même temps, il a dans sa main toutes les forces matérielles du pays.

Il peut, d'un mot, convertir toute la jeunesse en milice prétorienne; en cas de besoin, en faisant voyager la mobile à propos, en accumulant la ligne là où elle serait utile, en lançant la garde impériale au bon endroit, elle supprimerait du premier coup toute possibilité de résistance.

Le vote seul resterait, à ce qu'il semble, et la protestation.

Mais, en donnant le suffrage aux paysans, en livrant les paysans aux maires, elle a mis dans sa main, par avance, une telle masse de votes passifs, qu'elle paralyse à volonté tout vote libre. Après ce coup, sûre, à tout événement, de trouver un double appui, un appui infaillible, dans le paysan et le soldat, la raison d'État a pu se flatter de ne laisser plus à la personnalité, à l'initiative rationnelle, rien que le silence ou le martyre. Qui ne conviendra que l'art de gouverner ne peut pas aller plus loin?

Et pourtant, il y a des pailles dans ce fer; cette statue d'or, ce colosse de diamant, a des pieds d'argile; cette machine terrible ne joue qu'en usant ses durs ressorts; elle menace de se briser, si on l'ose dire, par l'excès même de sa force!

Elle se détruit, en effet, en détruisant son objet, qui est l'homme; et elle détruit l'homme, parce qu'elle le broie pour en extraire quelque chose que la nature humaine se refuse à donner.

Avec la loi de sûreté générale; avec toutes ces lois que l'esprit français a su faire, égaré par ce guignon que ce triste esprit porte dans toutes ses entreprises de liberté; avec l'emprunt et l'impôt pour drainer la fortune publique; avec la fureur de servir qui pousse tout le vulgaire d'en haut aux fonctions publiques; avec une organisation militaire qui relègue dans les casernes tout le vulgaire d'en bas; avec un système de suffrage qui tire les majorités de la peur et de l'ignorance; avec des députés qu'elle manipule comme il lui plaît, il semble que la raison d'État soit parvenue à la complète réalisation de son idée.

III.

Elle exige, en effet, que le pays, de lui-même renonce à toute indépendance morale, à toute aspiration libre, à toute volonté propre; elle veut que cette nation n'ait plus ni mouvement ni vie, que comme il lui plaît. C'est l'obéissance cadavérique des jésuites!

IV.

Cela serait parfait, si cela se pouvait; mais l'expérience est faite, une expérience péremptoire qui n'admet plus ni doute ni débat; cette extrême concession n'est pas possible.

Comme la théocratie le sait depuis longtemps, la personnalité humaine ne veut pas démissionner; elle ne peut, à aucun prix, se livrer définitivement au régime de l'obéissance passive; la nature humaine a, de tout temps, combattu, par une répulsion invincible, cette absorption du citoyen et de l'homme par le prêtre et le tyran : de là pour les jésuites, pour les moines, pour le gouvernement de l'Église, cette impopularité, souvent injuste, trop souvent violente, qui méconnaît parfois les plus grands talents et les plus grandes vertus, mais qui a son excuse dans l'impossibilité absolue où nous sommes de supporter ces attentats contre nature, cet anéantissement de notre substance morale, cette dépossession de l'âme et de la conscience, qui a paru toujours, et à tous les hommes plus insupportable que la mort.

Donc, le gouvernement de la raison d'État, de même que la tyrannie ecclésiastique, doit trouver son écueil dans l'excès même de ses exigences.

Réduite à l'extrémité, et ne pouvant aller plus loin, la personnalité humaine se retourne, et dit à ce despotisme extravagant :

« Vous nous demandez l'impossible : pour « que le citoyen, pour que l'homme vous obéisse, « il faut qu'il soit; mais il n'est plus, car vous « l'avez anéanti, dès que, pour vous et lui, « l'ordre social ne se compose plus de droits « et de devoirs réciproques; changez les noms « des choses et les formes du gouvernement, « autant qu'il vous plaira, mais au moins lais- « sez-nous, en fait d'autonomie, ce reste et « cette intime substance de personnalité, qui « nous est absolument nécessaire. »

Individuelle ou collective, la vie humaine est toujours un dualisme; point d'action, même dans la nature, sans réaction; l'atome se combine avec l'atome; mais, en se combinant, il ne s'annihile pas. L'antagonisme est ainsi, à tous égards, la forme première et éternelle de la vie;

cela est surtout vrai pour la conscience de l'homme.

Il est donc irréalisable, ce noir idéal, qui veut faire de l'homme, dans ses rapports avec le gouvernement, un citoyen sans droits d'aucune sorte, un sujet sans vie propre et personnelle, et, dans la vérité du mot, un corps sans âme. Là donc, bon gré mal gré, ce nouveau despotisme, malgré sa perfection rare, doit échouer : la meule a rencontré le molécule irréductible; et, si elle ne cède à son tour, ne risque-t-elle pas de s'y briser?

V

C'est justement ce que la France libérale dit tous les jours au régime du deux décembre :

« Vous m'avez fort bien liée, mais vous me « serrez trop fort; ce harnais si lourd et si tendu « comprime en moi le mouvement vital; si vous « ne voulez pas me tuer, rendez-moi un peu « le libre usage de mes membres. »

Dans cette extrémité, où nous voilà réduits, dans cette angoisse, puisque ce système nous écrase, il faut bien crier! Nous ne pouvons parler de nos souffrances sans parler de ses fautes; c'est malheureux! mais si, en nous perdant, il allait se perdre lui-même, où serait, soit pour nous, soit pour lui, le profit de notre silence? Qu'on ne nous parle plus de M. Haussmann, ni de Sadowa, ni du Mexique; notre grand malheur, c'est l'indifférence que le gouvernement oppose aux supplications du pays.

VI.

Ceci n'est pas seulement une protestation contre l'abus de la raison d'État, mais c'est surtout un appel pressant au patriotisme de la bourgeoisie.

En ce temps de décomposition et de révolution rapide, la bourgeoisie est le seul pivot sur lequel l'avenir et le passé puissent évoluer, en se conciliant.

Dans ce changemeut perpétuel de la hiérarchie sociale, qui caractérise le temps où nous vivons, la bourgeoisie est tout à la fois la sphère supérieure où les ambitions populaires aboutissent, et le milieu où l'aristocratie s'assainit. Au siècle où nous sommes, tout gouvernement que la bourgeoisie n'accepte point, est, par cela même, un gouvernement condamné; et, s'il est clairvoyant, il doit, en ce cas, se tenir pour condamné en toute justice. Mais, d'autre part, si la bourgeoisie s'abandonne elle-même, elle est coupable au même degré.

Certes, on ne vient pas ici accuser la bourgeoisie de méconnaître ses intérêts qui sont le noyau et la substance des intérêts publics, ni ses devoirs qui sont si manifestes et si simples; mais on lui reproche, ce qui est plus grave, de ne savoir pas, faute d'énergie, s'en acquitter. Il y a en elle quelque chose de trop passif; il lui manque cette virilité, cette constance, et pour tout dire, cette abnégation courageuse, qui est le principe des vertus républicaines. Contre le parasitisme monarchique, contre l'indifférence stupide des paysans; qu'on nous passe le mot qui est moins révoltant que la chose; enfin, contre les folles aspirations du socialisme, il n'y a plus que des mœurs franchement républicaines, qui puissent fournir le point fixe, et dans les bornes de la raison et de la justice, le point résistant. Distinguons, cela va de soi, les mœurs républicaines d'avec les institutions républicaines; les institutions organisent l'État, mais les lois ne s'incarnent que dans les mœurs. Quand on a vu, comme nous, l'État prendre et quitter ces formes, comme un costume d'occasion, il est prouvé, par cela seul, qu'elles n'adhéraient pas encore à l'esprit et à l'âme du citoyen, et cela suffit pour établir qu'elles étaient inopportunes. Mais il ne faut pas se quereller pour des mots ; on accorde sans difficulté que la forme du gouvernement, qu'elle soit monarchique ou républicaine, n'a pas, par elle-même, une importance souveraine ; mais si l'on n'a pas, dans les lois, l'idéal qu'on préfère, on peut du moins réaliser cet idéal dans les mœurs ; et c'est là un correctif, c'est une compensation, qui console du mieux qu'on n'a pas, en rendant le mal qu'on a, plus supportable.

Donc, entre la dynastie napoléonienne et la bourgeoisie française, l'une ne voulant pas déchoir, l'autre ne voulant pas se suicider, il reste une transaction à opérer, au profit des institutions politiques et des mœurs publiques. Les institutions politiques laissent, on peut le dire, quelque chose à désirer ; mais il n'y a rien de plus inquiétant, il ne faut pas le cacher, que les mœurs qui nous sont inoculées par cette politique : l'état actuel de Paris l'atteste : on a dépavé Paris de ses pavés, mais on l'a repavé de vices.

Il n'y a presque plus, dans Paris, que des hôtels, des valets et des courtisanes, pour les Sardanapales étrangers. Cela n'a coûté que deux milliards, dit-on ; hélas !

Ce n'est pas l'or, mais la vie ; c'est la sève

morale, le sens et l'honneur, qui se consument dans cette fétide magnificence.

C'est le moment d'opposer à ce Paris, si follement, si malencontreusement embelli, trente millions de français, pataugeant l'été dans la poussière, l'hiver dans la boue, au fond de leurs pauvres villages, et, tout le long de l'an, marchant pieds nus, travaillant bras nus, sous des haillons sordides, dans des chaumières trouées, ne grignotant que du pain noir, quand ils ont quelque chose à grignoter, couchant sur le foin ou la litière toute l'année : Tel est en effet le seul pendant que la France, masse indigente et misérable, puisse opposer à la scandaleuse magnificence de Paris.

Et pourtant, mieux vaut cette misère que ce luxe. La misère aigrit sans doute, mais elle n'énerve pas. Disons mieux, la misère n'irrite point celui qui n'a pas le spectacle du luxe. Le grand seigneur nageant dans les délices et le prolétaire hurlant d'envie, voilà désormais, qu'on le sache bien, les hôtes forcés de Paris. Mais à qui convenait-il d'ouvrir ainsi toutes les voies au matérialisme et au socialisme dans Paris même? Question grave, mais qu'il ne faut pas traiter ici.

En cet égarement, c'est à la bourgeoisie d'aviser; la tâche n'est facile et possible que pour elle; pour susciter contre ces mœurs-là une réaction salutaire, disons-le franchement, la bourgeoisie a besoin de mœurs républicaines, et dans l'état où nous sommes, cette révolution pacifique est une nécessité.

Plus que jamais, cette France industrielle qui vit, non pour consommer, mais pour produire, doit s'attacher à l'économie, à une simplicité mâle, à la sobriété d'autrefois.

On ne lui montre qu'un luxe extravagant, avec ce mépris de toute règle et de toute pudeur, qui caractérise la grande aristocratie.

Qu'elle en détourne les yeux; mais surtout, qu'à ce spectacle corrupteur, elle oppose des exemples meilleurs.

Ne compter que sur soi; ne rejeter jamais sur les autres les vicissitudes de sa propre destinée; ne chercher pas hors de sa propre conscience les motifs de ses actions; tenir à ses droits et à son rôle légitime dans l'État; défendre ces droits et ce rôle avec un sincère esprit de paix, mais les défendre avec une fermeté et une persévérance invincibles; décharger l'État, autant que possible, de la tutelle des intérêts publics, et ne souffrir pas qu'il s'abaisse jusqu'à la tutelle partiale et passionnée des intérêts privés; agir, à titre de citoyen, mieux que le fonctionnaire le plus zélé, sans exiger, pour prix d'un dévouement nécessaire, ni rubans, ni appointements, ni faveur quelconque; prendre résolument l'initiative et la direction de tous les progrès; faire couler la prospérité publique de tous les côtés d'une main large et intelligente; les verser tant sur les classes ouvrières que sur les populations agricoles; mais donner à tous l'exemple du travail, de la continence, des sentiments humains et modérés : tels sont aujourd'hui les devoirs de la bourgeoisie; tels sont aussi les traits principaux de ces mœurs que nous appelons républicaines, et qui aboutiraient, de quelque nom qu'on les nommât, non pas à l'affaiblissement du gouvernement, mais à l'assainissement de la Société.

On a vu bien souvent qu'avec des mœurs saines et fortes, rien n'est plus aisé que de concilier des tendances en apparence incompatibles. Entre la démagogie qui ne sait ce qu'elle veut, et le despotisme, qui manifeste tant de prétentions inconsidérées, la bourgeoisie seule peut fournir le frein et la mesure, à condition pourtant qu'elle donne à l'État des citoyens.

Son succès, à cet égard, tient d'abord à ce

qu'elle saura faire pour reconquérir l'indépendance électorale.

Les paysans, de qui tout dépend, ne sont pas la nation, ils ne sont qu'un chiffre.

La bourgeoisie seule fait l'opinion; elle a seule qualité pour la présenter au Gouvernement, pour l'imposer au moyen des formes constitutionnelles. La grande erreur de ce temps-ci, erreur où la raison d'État est tombée la première, c'est de croire qu'on finirait par trouver dans la servitude universelle une base nouvelle du droit. On ne saurait l'affirmer trop haut ni le répéter trop souvent, les hommes d'État qui, depuis dix-huit ans, tiennent le sort de la France dans leurs mains, ont méconnu l'essence et les limites de la nature humaine, lorsqu'ils ont donné pour but à leur politique la suppression de toute opposition ; une telle prétention n'est rien moins qu'un attentat contre la nature humaine, en ce qu'elle a de plus essentiel et de plus sacré.

Se refuser à toute transaction, sous prétexte qu'on se défie des anciens partis ou des nouveaux, ce n'est ni logique, ni sensé ; il y a, dans de telles défaites, quelque chose de blessant pour le patriotisme honnête et dévoué; ni la raison ni le droit ne se reconnaissent à de telles violences.

CHAPITRE PREMIER

CHAPITRE I.

DÉRAILLEMENT DU COUP D'ÉTAT

Si 52 a voulu donner le gouvernement à la force, son succès a été complet ; mais si, au contraire, c'est un succès de logique, qu'il a ambitionné, un succès de raison et d'esprit, son échec est aussi grand qu'il pouvait l'être ; en effet, de la force, du moins jusqu'ici, il n'a tiré que les inconvénients de la force, c'est-à-dire une obéissance mêlée de crainte, une défiance inquiète, presque aussi sensible au mal qu'elle redoute qu'au mal qu'elle a : quant au succès moral, quant à l'effet que les suites du coup d'État ont produit sur les esprits et les consciences, il n'est pas, on peut le croire, tel que le coup d'État le voulait, à moins que pour lui, en matière de gouvernement, le fait et le droit, le premier et le dernier mot, ne soit rien que la force.

2.

Comme suite de 89, on pouvait s'attendre à mieux.

Avant 52, alors que la raison d'Etat en était encore aux caresses et aux promesses ; en 52, au prologue et à l'épilogue du coup d'Etat ; et puis, après le coup d'Etat, et dans la longue ivresse de ce beau triomphe, la raison d'Etat a paru croire qu'elle allait renouveler l'esprit humain ; exilé du monde jusqu'à ce jour, le bon sens allait enfin y rentrer ; le progrès, jusqu'à ce moment impossible, devait se répandre sur toute la face des choses : promesses spécieuses, venant d'une puissance si forte ; mais, par malheur, on n'a vu jamais, dans toute la durée de l'histoire, tant de zèle et si peu d'effet.

Pendant dix-sept ans, de 52 à 69, la raison d'État, pour tout progrès, dans le gouvernement de la France, ne nous a donné que la plate fatuité de celui-ci, et l'arrogance agaçante de celui-là ; on dirait que c'est uniquement pour entasser les richesses, les honneurs, la puissance dans les mains d'un ex-démagogue, et d'un fruit sec du grand gouvernement parlementaire, qu'a été frappé le rude coup du 2 décembre !

La faute, disons-le, en est aux légistes. Après le soldat, le légiste est sans doute l'outil indispensable du césarisme ; quand la force veut prendre un vernis de légalité, elle a nécessairement recours au légiste, si dur pour le peuple, si complaisant pour César. Le trait saillant du légiste, qui ne le sait, c'est d'aimer le pouvoir, l'exercice et les revènants-bon du pouvoir, avec passion. Bien servi et bien gardé par le gendarme, avec un gouvernement résolu, mais qui garde pour lui les responsabilités suprêmes et les périls, le légiste est admirable de hardiesse.

Mais nourri de pure casuistique, il s'égare dans l'abstrait, il pousse à côté ; il sert le despotisme avec une énergie furieuse, mais il le sert mal. Cela s'est vu à toute occasion, et il est tout simple qu'on l'ait revu une fois de plus, d'une façon éclatante, après le 2 décembre.

La France, en 48, avait trébuché assez lourdement ; mais cette secousse ne l'avait pourtant pas jetée hors de ses voies ; bien au contraire, après cette nouvelle secousse que 48 lui imprimait, que lui fallait-il ? Quelqu'un qui la soutînt, qui l'aidât à reprendre sa marche traditionnelle, sans lui donner, bien entendu, en guise d'appui, des crocs en jambe, sans la renverser tout à fait.

Qu'ont su faire les légistes à ce moment ? Ils ont pour l'étourdir tout à fait, cette France ahurie et toute meurtrie encore du coup d'Etat, afin de l'accabler une bonne fois, ils lui ont jeté des ballots d'histoire romaine à la tête.

Cette faute avait été commise déjà par le premier empire. Avec ses antiquailles italiennes, le militarisme, le césarisme, les prétoriens, en subordonnant la loi au sabre, le premier empire avait cru qu'il pouvait changer tous les penchants de notre race.

Mais par suite de cette erreur, il avait commencé et fini, il était tombé, comme un anachronisme.

Toutefois son erreur aurait pu trouver quelque excuse dans sa franchise : italien de naissance et de caractère, ce gouvernement ne se donnait pas pour Français ; rusé, ténébreux, impitoyable, quel goût pouvait-il avoir pour un peuple enjoué, léger, trop mobile, si l'on veut ? Mais, dans son indifférence, il était franc ; il usait franchement contre ce peuple du droit que le 18 brumaire lui avait donné : au surplus, et cela doit être dit à sa louange, lorsque la fortune voulut, se ravisant, lui ôter sa proie, il sut la perdre sans regret, par cela seul que la guerre la lui ôtait.

Très-différent en cela du premier empire, le second empire, moins aventureux et plus sage, ne consentirait pas à tomber ; il serait moins docile aux avis de l'inconstante fortune, et il n'y a là rien qui étonne.

Ce qui étonne, c'est qu'au début, le nouveau système ait voulu se solidariser d'une façon absolue avec l'ancien. On s'en souvient encore; dans la fantasmagorie, qui a marqué le début de ce nouveau régime, quand on a vu les traditions et les formes nationales s'en aller, et l'archéologie romaine revenir, la stupéfaction a été profonde. Mais les seuls légistes sont responsables de cette faute; si on les laissait faire, ils mettraient du droit romain et du césarisme partout. Mais la force des choses n'y consent pas, moins patiente en cela que les hommes. Ce qui est vieux, est vieux; et ce qui est passé, ne se restaure pas, du moins d'une restauration solide. C'est la force des choses qui ne le veut pas. Mais rien n'arrête la chimérique audace des légistes. Ils ont cru, dans les circontances dont nous parlons, qu'ils changeraient la nature des choses, en changeant les étiquettes et les noms. S'ils étaient plus clairvoyants, ils verraient aujourd'hui avec quelle énergie, malgré son apparente souplesse, le tempérament français repousse ce césarisme posthume et malhabile, qui est si antipathique à sa nature. Mais chez le légiste, l'orgueil atrophie le sens; l'évidence a beau parler; un légiste ne saurait se dédire.

La raison d'État aimerait moins les légistes, elle reviendrait de son faible pour eux, si elle comprenait mieux le tort qu'ils lui ont fait, et la belle occasion qu'ils lui ont fait perdre. Ce coup de balai, tant vanté, tant admiré, ce coup de balai incomparable, avait réellement fait, comme on dit, place nette. Pour comble de bonheur, un théoricien hardi, un homme rare pour l'action, un philosophe instruit, un patriote incontesté, qui avait assez promis de sentiments et des vertus patriotiques, tout juste le génie qu'il nous fallait, se trouvait le maître de la situation, au moment le plus critique.

Avant de tenir la France dans ses mains victorieuses, l'heureux auteur du 2 décembre avait pu observer l'autonomie politique en Angleterre, l'énergie féconde d'une bourgeoisie républicaine aux États-Unis, la solidité et la vitalité paisible du fédéralisme cantonnal en Suisse. C'était justement ce qui nous manquait. Ces dix-huit ans, qui appartiennent au régime de 1830, ces dix-huit ans si féconds, si fortunés, si enviables, n'avaient été pourtant qu'un vain effort pour établir la complète autonomie du pays; c'est pourquoi 48 ne pouvait se justifier qu'en établissant cette autonomie sur des bases à la fois plus larges et plus solides.

Ce qui eût suffi, l'idéal, qui déjà marque au présent la route de l'avenir, et qui, à ce titre, est, dès ce moment, la solution inévitable, le programme fatal de l'avenir, un programme pas trop avancé, pas trop prématuré, déjà possible en 48, c'eût été la décentralisation, avec un système quelconque de fédéralisme cantonnal.

Quel cadre on eût ainsi ouvert à cette civilisation française, si avide de mouvement et de nouveauté! Quelle diversion aux troubles et aux passions du moment! Quel élan et quelle paix on eût vu succéder enfin aux angoisses et aux crises révolutionnaires! Au lieu de cela, nous avons encore, seize ans après le coup d'État, ce que nous avions, au lendemain du coup d'État, une nation harassée et déconcertée, le mensonge officiel et l'opinion publique en contradiction violente, des soldats toujours prêts à se ruer sur le bourgeois, des paysans qui votent, sans savoir ni quoi, ni pour qui, ni pour quoi, une bourgeoisie mécontente et effrayée; en un mot, c'est toujours, comme au lendemain du 2 décembre, l'accablement sans repos, la déception sans résignation, la soumission sans confiance. Si la révolution reprend jamais son cours, ce sera donc la faute des légistes, de ceux que le 2 décembre a consultés, et qui l'ont si mal conseillé.

Mais quel que soit le génie des légistes, quelque subtilité et quelque souplesse qu'ils mettent au service de la raison d'État, et avec quelque vigueur que la raison d'État soutienne cette triste casuistique des légistes, nul ne peut espérer désormais de faire ce que le 2 décembre a vainement tenté ; non, on ne pourra jamais, avec des vues abstraites, avec des artifices de gouvernement, des roueries d'administration et de police, altérer le tempérament d'une nation, détruire des tendances séculaires, et, pour tout dire, ajuster les hommes et les choses à des constitutions fantastiques, sans autre raison d'être que la volonté impérieuse, mais aveugle, de la raison d'État.

C'est là une vérité que l'histoire contemporaine a démontrée.

Et, en effet, si jamais on a pu croire qu'une société fût disposée à faire halte, qui jamais se montra plus avide de repos, qui parut jamais plus disposée à faire halte que la France de 52? Et, en même temps, qui vit jamais une nation saisie par un système de compression plus absolu, par une politique de réaction plus inflexible? Cependant, après dix-huit ans de compression sans mesure et sans raison, comme aussi après dix-huit ans d'obéissance passive, où en sommes-nous? Malgré cette immobilité apparente, est-ce que tout, rapports et situations, n'a point changé dans l'état intime de la société contemporaine? Il faut le dire, non pour ceux que cela déçoit, mais pour nous tous, qui avons besoin d'être consolés ou éclairés, le sol se dérobe rapidement sous nos pas; malgré cette politique si vigilante et si habile, il est manifeste que le Gouvernement va d'un côté, tandis que la nation va de l'autre.

On est forcé de le reconnaître, entre le Gouvernement et le pays, le désaccord est flagrant; cette aigreur réciproque va croissant de jour en jour. Les légistes se sont trompés. Il est temps que leur règne finisse.

Que les légistes s'en aillent donc! et que les comparses du 2 décembre les accompagnent.

Libre de cette funeste influence, la raison d'État se détendra; tout reprendra son cours normal dès que le Gouvernement, mieux avisé, aura rendu à la nation cette faculté, cette liberté de rénovation, constante et progressive, qui est le besoin et le fond même de notre tempérament national.

CHAPITRE II.

CHAPITRE II.

LA PYRAMIDE EST DANS LA VASE

Les lois politiques ne sont et ne peuvent être que des pactes provisoires. Excellentes, tant qu'on les admet avec foi, elles sont mauvaises, dès qu'on les discute; et alors, l'effort même qui veut les soustraire à la discussion, les rend caduques; dès lors qu'on les discute, il convient, non plus de les défendre, mais de les changer.

L'ordre, l'état sain et normal de la société, c'est le mouvement dans l'équilibre. L'équilibre est rompu et le mouvement s'arrête, lorsque la société s'appuie sur le point faible, au lieu de s'appuyer sur le point fort.

L'établissement du 2 décembre en est réduit à s'appuyer exclusivement sur les paysans. Les villes ne rendant plus que des verdicts d'opposition, le Gouvernement en est réduit à maçonner sa majorité avec les votes des campagnes ; il ne demande plus la sanction de ses actes qu'à l'assentiment aveugle et forcé des populations rurales ; et par là, le juste équilibre des forces sociales est détruit.

En même temps, le mouvement social s'arrête ; l'esprit national se trouble, et l'activité nationale s'affaiblit ; il y a une déperdition générale dans les intérêts et une stagnation générale dans les idées ; les liens intérieurs se relâchent ; c'est comme une paralysie compliquée de dissolution ; du côté du Gouvernement, la direction avorte et n'aboutit qu'à une compression excessive ; du côté de la nation, l'inertie même devient une résistance désespérée ; la nation ne se prête à rien, le Gouvernement ne réussit à rien ; la fortune et les événements vont à tort et à travers ; la situation s'écrase de plus en plus sous les difficultés et les obstacles qui s'accumulent.

En prenant les paysans pour la nation, le gouvernement actuel s'est mépris. Le centre de gravité n'est et ne peut être que dans la bourgeoisie. Mais la bourgeoisie raisonne, tandis que le paysan obéit ! Qu'y faire ? Les classes moyennes, les classes industrielles, les classes instruites, cette partie de la nation, qui connaît seule les traditions nationales, qui seule sait et peut développer la civilisation nationale, sent, mieux que les paysans, la gravité du mal.

En subordonnant les aspirations des classes moyennes à un système de gouvernement égoïste et inflexible, en appuyant le Gouvernement sur les paysans seuls, c'est-à-dire sur cette partie de la nation qui est étrangère aux traditions et aux aspirations nationales ; qui, loin de les servir, ne peut pas même les comprendre ; l'accord s'est rompu entre le pays et le Gouvernement ; il n'y a plus, au sein du pays, que marasme et confusion, parce qu'il n'y a plus ni mouvement régulier, ni équilibre stable.

Pour examiner cette situation à un point de vue vrai et juste, il importe de sonder jusqu'au fond l'état économique des campagnes. C'est un sujet auquel on ne peut toucher sans douleur; vaut-il mieux rester dupe d'une fausse sensibilité ? Non, que gagne-t-on à dormir sur l'oreiller du mensonge ?

CHAPITRE III

CHAPITRE III.

STATISTIQUE RURALE

Prenez le rentier, ou le financier, ou l'industriel, ou le haut employé, ou le militaire à chapeau frangé de dentelle; prenez encore l'artiste ou le danseur, assez bien rentés, assez magnifiquement appointés, pour faire grande figure à Paris, et de ce coup, vous abordez la pyramide par le sommet; enlevé par ce puissant coup d'aile au-dessus de la sphère du désir, vous entrerez de plain-pied dans la sphère du rêve. Mais la base de la pyramide est plus bas.

Elle est si bas, qu'il n'y a plus rien au-dessous, à l'étiage de la barbarie et de la misère : c'est la statistique qui parle, écoutez-la.

« Pour la France entière, évaluer à six milliards la totalité des salaires, distribués entre les vingt-quatre millions d'habitants qui composent la classe des ouvriers industriels et agricoles, ce serait calculer largement; mais, même à ce compte, le revenu annuel par tête serait de deux cent cinquante francs, soit, par jour, soixante-dix centimes. »

Ce chiffre est une moyenne; fausse pour les termes extrêmes, par en haut; cette moyenne n'est pas moins fausse pour les termes extrêmes, par en bas; car elle suppose par famille un revenu annuel de 1,200 francs, ce qui est absolument chimérique.

La Bretagne, à travers ses landes et parmi ses rochers de granit, renferme un million d'habitants et plus, qui se nourrissent, en travaillant, sans mendier et sans se plaindre, avec environ 27 centimes par jour.

Cependant la Bretagne a sur l'Océan une riche ceinture de villes commerçantes; sur ses confins intérieurs, elle a de fertiles provinces et de grands fleuves; avec tous ces avantages, on n'a, pour vivre en Bretagne, que la somme de 27 centimes par jour.

Croit-on que les conditions de l'existence soient meilleures dans les vallées ou sur les versants des Pyrénées et des Alpes, ou dans les marais des Dombes, ou sur les granits de l'Auvergne, ou dans les plaines de la Champagne pouilleuse, ou dans les bruyères du Berry?

Il est bon d'aller au fond des choses; c'est toujours la statistique qui parle; ce qu'elle ajoute est encore digne d'attention.

Des maisons à plus de six ouvertures, portes ou fenêtres, ou lucarnes, il y en a en France deux millions; à cinq têtes par ménage, le père, la mère, les trois enfants, cela fait dix millions d'habitants qui ont des logements à plus de six ouvertures.

Des maisons qui ont de quatre à cinq ouvertures, on en compte presque autant. On remarquera, sans qu'on le dise, qu'avec quatre ou cinq ouvertures, il y a forcément plus d'ouvertures que d'étages, ce qui commence à mettre le toit assez près du sol.

Nous trouvons encore deux millions et demi de maisons qui ont seulement de deux à trois ouvertures; ainsi douze millions et demi de créatures humaines logent en France dans des chaumières à deux ou trois ouvertures.

Y a-t-il quelque chose au-dessous?

Oui; au-dessous du taudis qui prend la lumière et l'air par une porte, par une fenêtre et par une lucarne, il y a en France plus de trois cent mille loges humaines qui n'ont qu'une seule ouverture pour recevoir la lumière et l'air.

Une ouverture seulement! Le nègre, le peau-rouge, le sauvage de la forêt vierge, l'anthropophage, en ont autant. Dans ces trois cent mille maisons à une seule ouverture, il y a un million et demi ou deux millions de ces créatures humaines que les maires mènent au scrutin, comme un troupeau muet et sans défense.

Veut-on pénétrer dans ces cahutes? veut-on savoir sur quoi on s'y assied, de quoi l'on y est vêtu, comme on y dort, et ce qu'on y mange?

Quittez alors, gens de Paris, quittez, si vous en avez le courage, vos appartements dorés, ces tapis moelleux et épais qui éteignent le bruit de vos pas; ces meubles historiques que les raffinements successifs du luxe ont timbrés et datés de souvenirs orgueilleux et tout aristocratiques.

Quittez, vous aussi, petits bourgeois et artisans de Paris, quittez les appartements petits et commodes, où vous dormez fort bien sur des lits de noyer; où vous réparez commodément vos forces, assis à votre aise sur des chaises de paille; où la volaille n'exhale pas, il est vrai, le fumet de la truffe, mais où de bon pain blanc, de bon vin bleu, avec du cervelas qui n'est point rance, apaisent agréablement et votre soif et votre appétit.

Si vous êtes inscrit au bureau de bienfaisance, si vous ne connaissez de Paris que ses misères, heureux-malheureux de Paris, descendez de l'omnibus à trois sous, quittez l'asphalte qui boit l'humidité, ou repousse la boue, quittez le macadam ou le pavé, que, pour vous et devant vous, on brosse tout le long du jour.

Il faut nous suivre dans des lieux où il n'y a point de bureau de bienfaisance ; dans des lieux où il n'y a ni rues ni routes, rien que des sentiers tracés par des sabots et des pieds nus ; de la poussière en été jusqu'à la cheville, avec des troncs d'arbuste et des ronces qui déchirent les pieds ; en hiver, de la boue, de la neige, jusqu'aux genoux ; tels sont les lieux où nous voulons vous conduire, Mais, chemin faisant, arrêtez-vous un instant ; voici une maison qui a des murs en maçonnerie, des volets en bois et une couverture de tuiles ou d'ardoises. Ceci est la demeure d'un gros propriétaire : ouvrez la porte et entrez ; que voyez-vous ? un sol en terre glaise, une table et des bancs en bois blanc, une étagère qui supporte pour deux ou trois francs de terraille ; sur l'âtre, un pot ou deux. Quoi ! dites-vous, c'est là le domicile du gros paysan, du cultivateur aisé ? Qu'est-ce à dire ? Ne sait-on pas ici couvrir les murs d'un peu de papier, passer un peu de couleur sur le vieux bois, essuyer la suie de cette noire cheminée ? Non, on ne le sait pas, on n'y pense même pas. Vous avez, vous, la propreté chez vous, et vous voyez le luxe ou du moins l'élégance chez les autres. Mais ici, dans ces montagnes, dans ces campagnes, au milieu de ces bois, rien de pareil. C'est pourtant la maison du petit propriétaire que vous visitez et que de loin vous aviez prise pour un château. Mais il ne s'agit pas des châteaux ; nous cherchons les chaumières ; c'est le paysan, le vrai paysan que nous voulons voir chez lui. Arrivons-y.

De quoi vivent ces malheureux ? Ouvrez cette armoire vermoulue, et regardez, — il n'y a rien. Que font-ils pour se reposer de leurs fatigues, où dorment-ils ? Ils couchent l'été sur des grabats, l'hiver dans le foin ; car le seul calorifère que le progrès des arts ait inventé pour eux, c'est le fumier de l'étable.

Voulez-vous jusqu'au bout scruter les mystères du dénûment, au sein des populations rurales ?

Les maisons à une seule ouverture sont les seules qu'il vous reste à visiter. Ici, bêtes et gens s'agitent, mangent et couchent ensemble ; ici les épaules amaigries bouchent les trous de la chemise; les cheveux sont collés au même bonnet qui les couvre depuis trente ans, et les pantalons tombent en franges capricieuses le long des jambes.

Mais, on n'y avait pas songé; chacun de ces sauvages a son patois, épais, bizarre, inintelligible; vos oreilles n'y peuvent rien entendre; elles en sont blessées, étant rendues trop délicates par le turturisme charmant de Paris; l'accent provincial blesse vos oreilles! Ah! restez chez vous, gens de Paris; n'exposez pas vos nerfs à ces sensations brutales, ne sortez pas de Paris, car le tableau qu'on met ici sous vos yeux, est le tableau fidèle de l'état où vivent les trois quarts des populations rurales de France.

Qu'est-ce donc que la propriété, demandez-vous? où sont ces propriétaires qui vivent en grands seigneurs sur ce grand morceau de papier qu'on appelle la carte de France?

On vous répond par des chiffres imprimés, que la librairie reproduit tous les jours sous mille formes.

En 1850, on a compté sept mille communes, c'est-à-dire sept mille villages ou bourgs, sept mille agglomérations d'êtres humains, séparées les unes des autres par de vastes espaces nus, où les corbeaux pâturaient en liberté, et dont chacune était au-dessous de trois cents âmes : cette population suppose soixante feux ou soixante ménages; soit, cent quatre-vingts enfants, soixante femmes, soixante hommes, pères et mères de famille. Otez de ce nombre le maire et le curé, ôtez-en dix ou douze propriétaires, non pas aisés, mais au-dessus de l'indigence; le reste se compose de petits propriétaires, si petits qu'ils ne peuvent vivre de leur fonds, et puis, de prolétaires ruraux, la classe dernière et la plus misérable des prolétaires.

La statistique le dit, plus de six cent mille propriétaires sont tellement pauvres que l'impôt, assigné à chacun annuellement, n'excède pas cinq centimes;

Trois millions de propriétaires sont tellement indigents qu'ils restent, par la force des choses, exempts de tout impôt, le fisc n'osant et ne pouvant rien demander à une si profonde indigence.

Mais, nous avons Paris et nous n'en sommes pas moins la nation la plus éclairée et la mieux gouvernée de la terre.

Car nous avons deux cent mille employés du gouvernement, cent mille commis, soixante mille pensionnaires de l'État ou des communes, cinquante mille prêtres, trente mille avocats, vingt-cinq mille médecins, vingt mille artistes, peintres ou musiciens, et quatre mille hommes de lettres.

Telle est notre richesse, et depuis le 2 décembre, sauf le Sénat, la dette publique, les gros appointements et l'armée, il n'y a rien de changé.

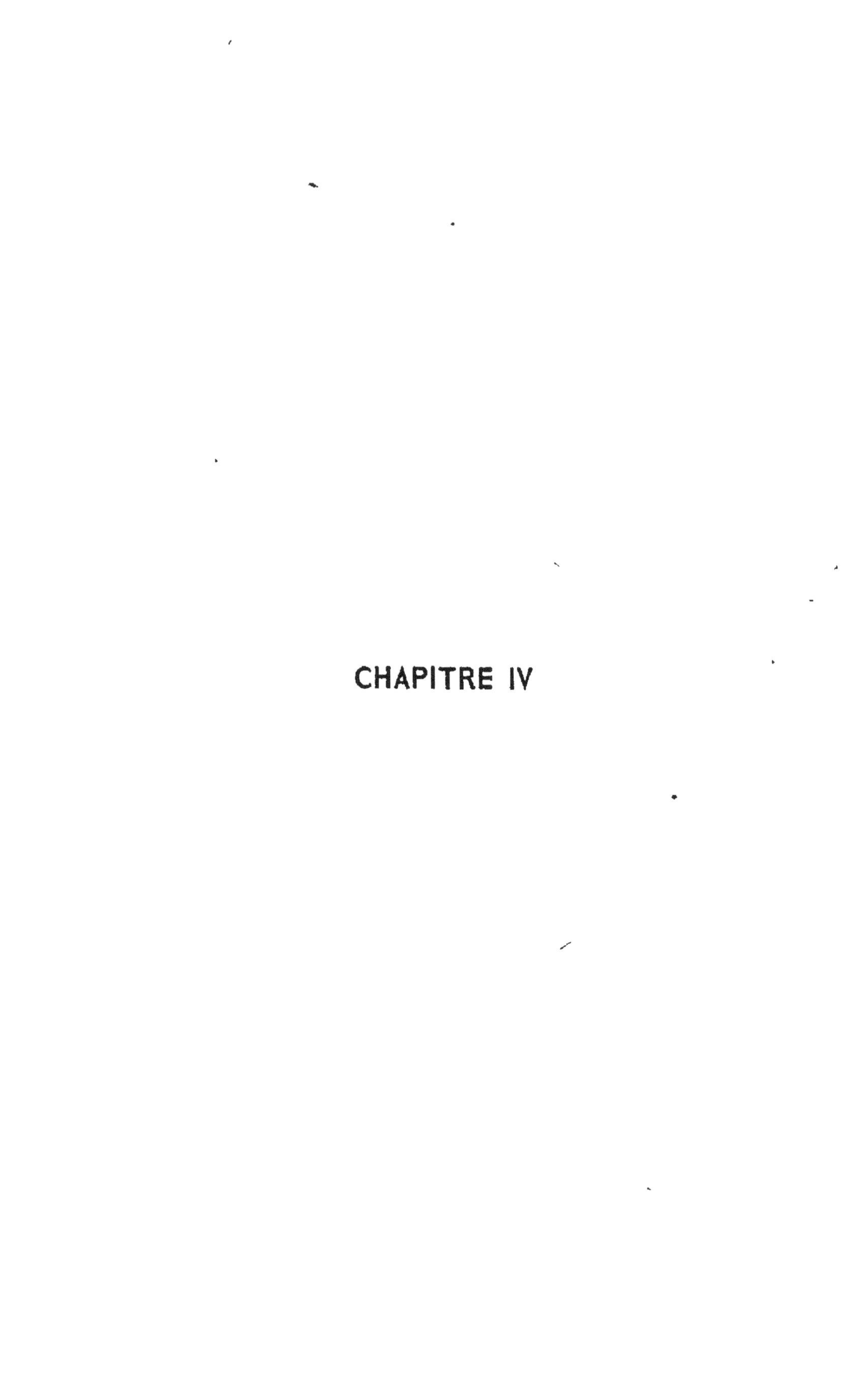

CHAPITRE IV

CHAPITRE IV.

PORTÉE INTELLECTUELLE DU PAYSAN

Tel est, sous le rapport matériel, l'état abject du paysan; voici maintenant le degré précis de son abjection morale.

Dans cette solitude, dans cet isolement, dans cette misère que l'on vient de dépeindre, accablé du sentiment de sa faiblesse, mais en même temps entouré, comme d'un mur d'airain, par l'effroyable puissance de l'Etat, habitué et résigné, de la naissance à la mort, à toutes les extrémités de la crainte et de la servitude, avec la faculté de penser, innée en tout homme, il vit sans penser; avec les organes de la vue et de l'ouïe, il reste aveugle et sourd; machine sans ressort, et que rien ne peut remuer, ni la vie sociale, ni la vie politique, ni un intérêt général quelconque.

Et vous lui donnez des systèmes de politique

à sanctionner? vous opposez ses votes à ceux des classes éclairées. Selon vous, en fait de civilisation, en fait de direction sociale, c'est lui, le paysan, qui sait le bien et le mieux, et à qui seul vous vous fiez? Il faut voir, en effet, ce qu'il sait faire de sa propre destinée! Comme il perfectionne ses outils et son travail, cet arbitre du droit, ce juge suprême du fait, dans les questions politiques! quel parti il sait tirer des circonstances où il vit, des données que la nature a mises dans ses mains, lui qui statue, en dernier ressort, devant le scrutin, entre M. Rouher et ses adversaires!

Tandis qu'il enfonce la charrue ou qu'il manie la bêche, approchez-vous de lui, intéressez-vous à ses cultures, mettez votre science au service de son inexpérience; qu'en advient-il? Il a peur de vous! Rassurez-le et démontrez-lui, si vous pouvez, son tort; faites-lui voir qu'il peut, en suivant vos conseils, tirer de son champ le double de sa récolte; vous lui êtes suspect, et il se demande quel est le piége que vous lui tendez. Ignorance et défiance, c'est tout le paysan; la lumière de la science trouble et blesse ses yeux; et il l'accueille comme une puissance malfaisante et redoutable, il s'en défend par l'inertie de la peur.

Au savant qui conseille, substituez le propriétaire instruit qui commande, amenez là le maître qui paie; commandez vous-même au nom de votre propriété et de votre intérêt; il n'obéit qu'à contre-cœur et seulement pour éviter votre colère; mais, cela même qu'il comprend bien, il le fait mal : comptant sur son intelligence, éloignez-vous; vous n'aurez pas tourné le dos, qu'il sera revenu à sa routine, c'est-à-dire à sa stupidité première.

Et l'on veut qu'il s'élève à des conceptions sûres de science politique et d'intérêt social! Et quand une fois on l'a chargé de choisir et d'instituer le législateur, on se flatte d'avoir assis l'Etat sur des bases logiques! on refuse dédaigneusement tout autre contrôle, parce qu'on a saisi sa main de vive force, et qu'il a voté sans savoir ni pour qui ni pour quoi!

Ignorant et inepte, il l'est sans doute; mais on l'instruira : il n'y a guère plus qu'un millier de communes qui soient sans instituteur et sans maison d'école; mais des maisons d'école, on en construira; des instituteurs, on en fera : on aura mieux que des instituteurs : quand il s'agit d'instruction le budget n'est pas chiche, on le sait bien; les bibliothèques populaires vont pulluler : chaque saison, dit M. Duruy, voit doubler ou tripler les cours d'adultes; grâce à sa science, bientôt le paysan sera devenu homme; une fois dans l'humanité, il rentrera dans la cité par cette même porte; le voilà savant, puisqu'il y a tant de bibliothèques populaires. Maintenant la nature des choses va changer, le mouvement du monde revient à sa normale; le paysan va savoir lire et écrire!

Il y a des illusions généreuses, et ce n'est pas de dureté envers le peuple, ce n'est pas d'insensibilité pour son état, que les classes éclairées sont coupables; qui ne porte aujourd'hui cette idolâtrie au dernier excès? On traite aujourd'hui le peuple comme un enfant emporté, qu'il faut apaiser par tous les moyens; on encourage ainsi et l'on surexcite des aspirations, des ambitions, qu'on ne pourra jamais satisfaire; on se prépare ainsi des déceptions amères et certaines; cette tactique a de grands dangers; c'est elle qui encourage toutes les folies du socialisme; c'est un libéralisme sot, quand il est sincère; un libéralisme inhumain et abominable, quand il est faux.

Consultez l'instituteur rural sur les effets de l'instruction primaire. Il vous le dira; pour enseigner l'écriture à ses rudes élèves, il lui faut au moins cinq ans, cinq ans d'exercices quotidiens et assidus. Prenez note d'ailleurs de ceci, c'est qu'à la moindre interruption, tout ce frêle édifice se renverse. Sachez-le, enfin, il n'y a presque pas d'enfants, dans les campagnes, qui fréquentent assidûment l'école pendant cinq ans.

Quant à la lecture, surtout dans les départements à patois, ni cinq ans, ni dix ans n'y suffisent.

Reconnaître sous les signes graphiques, et comprendre exactement, par la lecture, des mots qu'il sait déjà, c'est facile pour l'enfant de Paris, pour l'enfant des villes, où le français est appris et parlé dès l'enfance.

Mais le français, qu'on y prenne garde, est une langue étrangère, une langue savante, pour les trois quarts au moins de nos départements. A la rigueur donc, l'enfant peut épeler le mot, sans en comprendre le sens. Mais que sert de lire et quel goût peut-on avoir à lire, quand le son ou la figure ne réveillent aucune idée dans l'esprit?

La chose est certaine, cependant, dans les pays à patois, parmi les populations rurales, déchiffrer l'imprimé et l'énoncer machinalement, c'est l'idéal que l'on poursuit. N'écoutez pas le mensonge officiel, ou du moins n'en soyez pas dupes; ne vous repaissez pas de ces vaines illusions; non, sachez-le, à l'école, le paysan ne lit pas; sorti de l'école, il est plus que jamais incapable de lire. Mais, quand bien même il saurait lire, quand bien même il aurait des livres, le paysan ne lirait pas. Où veut-on qu'il prenne le goût des livres, n'ayant pas la moindre idée, ni de ce qu'il y faut chercher, ni de ce qu'on y trouve?

Le livre, ce produit de l'extrême civilisation, cette création subtile du plus raffiné de tous les arts, n'est pas fait pour le paysan.

Allez aux champs, pour ne pas étudier les paysans uniquement dans les relations officielles: le gouvernement fait des romans qu'il ne faut pas prendre pour de l'histoire : allez aux champs, et voyez ce qui s'y passe, observez les paysans le soir, aux heures du repas, et tout le jour, dans les longs loisirs du dimanche; jamais, ni nulle part, vous ne surprendrez le paysan un livre à la main.

Comment lirait-il, comment entrerait-il dans la pensée d'autrui, celui qui, en lui-même, et pour son propre compte, est sans pensée? Car, pour affligeant que cela soit, on ne doit pas se lasser de le redire, le paysan ne pense pas; automate pur, et machine pure, dans ses travaux habituels et dans sa vie personnelle, est-ce dans ses fonctions d'électeur, qu'il acquerrait des sens et une âme, alors que le gendarme le tient et que le garde-champêtre l'entraîne au scrutin ?

Non, pour le paysan, donner un coup de pioche, briser la motte d'un coup de pied, s'apercevoir que la pluie est froide ou que la chaleur est forte, avoir soif, avoir faim, prendre un bulletin des mains du garnissaire et le remettre aux mains du maire, c'est le premier et le dernier mot d'une destinée où il n'y a ni place ni loisir pour penser. Le paysan est l'homme de la nature ; mais c'est l'homme primitif : pour lui le monde est resté plongé dans les ténèbres premières; les mouvements de son esprit procèdent des instincts les plus rudimentaires ; borné, court de vue, étranger et inaccessible à toute notion d'art ou de science, il ne se souvient pas, il ne prévoit pas, il sent avec force, mais il n'a point conscience de ce qu'il sent, il ne va point au delà de la sensation présente.

Et vous livrez la politique au paysan? Et vous placez les fondements de l'autorité sur son suffrage? Est-ce insanité d'esprit? Est-ce ignorance? L'ignorez-vous ou le savez-vous?

C'est le milieu, le milieu seul qui éclaire et civilise ; voyez ce qui se passe dans les grandes villes, sans parler de Paris. Serrés les uns contre les autres, visités constamment et tous ensemble par les mêmes courants d'émotions et d'idées, les gens des villes, jeunes ou vieux, s'élèvent sans effort, et par la seule vertu des choses ambiantes, au même niveau d'intelligence, au même ton de sensibilité, celui qui a plus se communiquant à celui qui a moins, et malgré la différence naturelle des aptitudes, chacun participant à la vie de tous.

Voulez-vous donc tirer les paysans de leur sommeil? Au lieu de les isoler, rapprochez-les, maintenez-les dans des milieux vivants, et retirez-vous d'au milieu d'eux, vous, raison d'État, qui ne touchez à la province, au département, à l'arrondissement, au canton, à la commune même, que pour la dissoudre, que pour y introduire l'antagonisme des classes, et, d'homme à homme, les rivalités politiques, les animosités; retirez-vous de là, vous seuls, et la liberté suffira pour y ramener la vie. Car dans la vie publique, comme dans la vie privée, l'activité libre, c'est la santé, la force, c'est la vie. La raison d'Etat a la main trop dure; comme la locomotive qui vous tamponne, le moindre attouchement de la raison d'Etat vous meurtrit; quand elle touche à tout, que tout est livré à sa funeste étreinte, au lieu d'aviver, elle tue. Décentralisez et laissez vivre, au lieu d'écraser tout sous la brutale atteinte de la raison d'Etat!

CHAPITRE V

CHAPITRE V.

LA MORALE DU PAYSAN

Loin des capitales, loin des grandes villes, dans les agglomérations rurales, aux champs, sur les montagnes, dans les vallons, dans les bois, l'âme se rétrécit en s'ajustant à l'horizon qui l'environne, aux objets qui parlent à ses sens, aux sentiments et aux pensées qu'une existence aussi limitée comporte.

Il y a des paysans, et en très-grand nombre, qui sont plus près du sauvage que de l'homme civilisé ; il y a des agglomérations rurales, sur lesquelles les siècles passent, sans plus modifier les esprits que les pierres; en ces lieux-là, la vie humaine en est encore à ses premiers rudiments : la vie du corps ne s'y distingue qu'à peine de la vie de l'esprit; dans cette société primitive, la propriété comme institution n'est que le champ que l'on possède; le bien, c'est le fruit que l'on consomme; le mal, c'est la passion que l'on ne peut assouvir; la loi, c'est toute cause et tout objet de crainte; le devoir, c'est l'intérêt : faute de civilisation, faute de développement collectif et social, la morale ne trouve point là d'autres bases.

Le sentiment y est, du reste, aussi primitif que la raison. Serré de la naissance à la mort dans l'étau du besoin, mouillé par la pluie, glacé par le froid, meurtri par la terre, attelé avec la brute qu'il associe à son travail, engagé à tout instant dans la lutte violente et l'effort pénible, perpétuellement en proie à l'inquiétude et à la souffrance, le paysan ne peut même pas savoir, par le malheur de sa condition, ce que c'est que bonté, générosité, dévouement; les sentiments que la civilisation considère comme les attributs essentiels de la nature humaine, la justice, la pitié, la tendresse, ne trouvent presque pas de place dans cette lutte brutale, qu'il ne peut éviter, et d'où il ne peut sortir.

Telle est du reste l'unique mais péremptoire excuse du paysan. Il ne peut pas être autre qu'il n'est; cet égoïsme sans limites est l'effet de cette oppression, de cette servitude, de cette misère sans limites; humain, il n'a pas la moindre occasion de le devenir, ou au moins il ne découvre pas la moindre raison de l'être ; généreux, avec quoi et envers qui le serait-il ? bon et grand, cela est incompatible avec sa dure et étroite destinée ; énergique, il l'est sans doute, mais il ne peut l'être que contre ce qui le gêne ou lui nuit ; il fouette son cheval à tour de bras, il pique son bœuf jusqu'au sang, il frappe sa femme et son enfant avec rage : pour exiger ce qui lui est dû ou ce qu'il convoite, aucune violence ne lui coûte ; mais c'est tout : de patriotisme, d'humanité, de progrès, d'art et de science, ne lui en parlez pas ; où voulez-vous qu'il prenne ce luxe de perfections abstraites, impersonnelles, purement et absolument idéales ? On dit que de grands savants étant un jour assemblés pour démêler le vrai d'avec le faux, une dispute s'alluma entre eux sur l'essence même de la morale. Le plus fin de ces docteurs, le plus avisé, le plus haut placé, le mieux renté, un docteur remarquable entre tous par son habileté à priser le bien et à éviter le mal en ce monde, soutenait qu'au lieu d'une morale, il y en a deux, parce qu'il y a loin de ce qu'on doit à ce qu'on tient, et que d'ailleurs le devoir n'est pas aussi rigoureux dans la pratique que dans la théorie. Un paysan lui eut donné raison; mais il n'avait pour adversaires que des pédants pénurieux. Or, l'esprit devient très-subtil chez eux, qui vivent de pensions modiques, donc les savants lui donnèrent tort; parlant à des paysans, le docteur en question eût eu certes plus de succès. En effet, de la morale théorique, le paysan n'en a que faire; il l'en eût donc tenu quitte tout à fait; mais il eût adhéré avec ardeur à la morale de l'intérêt; car il est poussé de ce côté par toutes les forces de l'instinct et de l'habitude.

CHAPITRE VI

CHAPITRE VI.

L'INDÉPENDANCE DU PAYSAN

Le paysan n'est indépendant de rien, car il dépend de tout, et l'idée même d'une indépendance quelconque ne saurait entrer dans son esprit, parce que, de la part des hommes, comme du côté des éléments, tout lui est oppression et servitude.

Rien de rigide, rien d'inflexible, rien d'aussi nettement divisé, d'aussi strictement gradué, que la hiérarchie morale et économique du village; c'est, à la lettre, un casier, où chacun a son compartiment : avec cela, d'un point à l'autre, d'une place à l'autre, les distances sont énormes, elles sont infranchissables; sauf des exceptions très-rares, le rang et l'avoir n'y changent jamais; celui que l'on trouve une fois au-dessus de soi, on l'aura sur ses épaules toute la vie. De là, une subordination pesante et écrasante, une servitude constante et monotone, sans le moindre intermède de liberté.

Donc, dans ses rapports sociaux, le paysan ne sait pas ce que c'est que liberté : du reste, autant il est dur pour ceux qu'il voit au-dessous de lui, autant il est humble et soumis envers ceux dont la position le domine. La seule préoccupation qu'il porte dans ses relations, c'est de savoir qui peut le servir ou lui nuire. Ainsi, l'unique but de ses politesses ou de ses connaissances, du petit service qu'il rend, du coup de chapeau qu'il donne, c'est une protection à acquérir, une réciprocité de bon vouloir à mériter, une faveur à obtenir. Cependant, dans ce milieu si étroit et si gênant, il ne choisit ni son maître, ni son ami; cela se prend, comme et quand la situation le donne. Telle est, en réalité, l'indépendance du paysan; dans la situation morale et économique du paysan, c'est une impossibilité; dans la bouche de ceux qui l'affirment, par ignorance ou par calcul, c'est un mensonge.

Dans un village de cent maisons ou de cent feux, un gros et beau village, assurément, puisqu'une telle agglomération s'élève à cinq cents âmes, vous trouverez au moins quinze ou vingt familles de prolétaires, de manouvriers, de terrassiers, vivant de salaire, louant leur travail à la journée, sans autre capital que leurs jambes, leurs bras, leurs muscles; possédant tout au plus une cahutte plutôt qu'une chaumière, avec un jardinet et quelques carrés d'oignons ou de choux.

Au-dessus de cette plèbe, vient la classe presque aussi malheureuse des petits propriétaires. Pour comprendre ce qu'ils sont, il faut songer à cet extrême émiettement de la propriété foncière, qui va croissant tous les jours. Si l'on se souvient de cet émiettement, qui ne garde plus aucune borne, on ne sera point surpris de voir quarante ou cinquante ménages qui vivent d'un arpent ou de deux; qui possèdent même peut-être un hectare, dont l'avoir peut s'élever même à deux hectares ou à trois; c'est la classe des cultivateurs qui labourent mal, qui sarclent mal, parce que la bonne bête de trait, le bon outillage aussi leur manque, ainsi que le bon fumier, et la quantité de fumier nécessaire; ils ensemencent mal, faute d'argent, pour payer la semence de choix. La seule ressource qui abonde pour eux, ce qui les soutient dans tous leurs embarras, ce qui maintient leur recette et leur dépense en équilibre, c'est l'abstinence; en fait de nourriture, rien de trop grossier pour eux; en fait de vêtements, ils se contentent des haillons les plus sordides; en fait de chaussure, ils vont pieds nus; si la bêche se brise, ils ont encore leurs ongles pour gratter la terre; quand toute chose leur manque, c'est leur corps qui pâtit, et qui supplée à l'insuffisance de leurs moyens. Sur ce point là seulement, dans l'abstinence, dans l'usure désespérée de son pauvre corps, la liberté du paysan est entière.

Ce qu'il ne peut ni atermoyer, ni atténuer, c'est la cote du percepteur, sans compter la maladie et le chômage; malade, pourtant, il guérit, ou il meurt, et de la sorte, il cesse de sentir son mal, ou il s'en délivre; la neige ou la pluie, qui interrompaient le travail, ne durent pas toujours, et n'ont pas non plus des échéances infaillibles; il n'en est pas ainsi du fisc; l'impôt, lui, est le fléau certain, inévitable, insatiable.

Ah! si l'on savait dans quelle pauvreté, dans quelle gêne, dans quelles angoisses, se ramassent les centimes qu'il faut pour les deux milliards et la magnificence superbe de l'état! Financiers de la grande politique, grands artistes dans les splendeurs de la guerre et de la paix, en face du paysan, qui gagne et économise pour vous, combien votre science est petite!

La cote est arrivée, le percepteur est là, l'huissier ne tardera pas à paraître; il faut payer. On vend alors la tranche de lard qu'on destinait à la soupe de toute l'année; le plus beau sac de blé s'en va; on composera, comme on pourra, avec la nécessité de manger, qui n'est qu'ajournée; trop fréquemment, il faut recourir à l'usurier; à toute extrémité, on loue ses bras, la mauvaise herbe pousse en attendant dans le chétif patrimoine de la famille; mais on gagne un peu d'argent en travaillant à la journée le champ d'autrui!

Cette catégorie des populations rurales, petits propriétaires, peu différents et souvent confondus avec les journaliers, se reconnaît, tout comme ceux-ci, à des traits uniformes et saillants; parmi eux, le feu de la jeunesse se tourne en fièvre; le visage, dans l'âge mûr, est hâve et émacié; le corps du vieillard y est disloqué et tout en ruines : c'est une caste, ou plutôt une vraie nation de misérables, pour qui l'existence n'est qu'un accablement sans trêve, depuis la naissance jusqu'à la mort.

Montons un échelon, quittons les sphères de l'angoisse; voilà cinq ou six artisans, charrons, forgerons, maçons, menuisiers, et le reste, à qui le travail ne manque pas, ni les bons salaires; voilà encore nne vingtaine de propriétaires aisés, qui ont des prés, des bois, de la terre à blé, de belles maisons, de grosses granges, de bonnes étables : ici, n'étaient ces lois meurtrières du partage, ces liquidations désastreuses que chaque génération ramène ; n'était la dette hypothécaire, aggravée par l'usurier, le village compterait quelques heureux : par malheur, au village plus encore que dans les centres industriels ou financiers, depuis qu'on a démocratisé le crédit, les bons administrateurs sont rares ; on veut spéculer, car tout y pousse, et l'on perd, au lieu de gagner ; et puis, la ville est trop près, et l'on n'y met pas impunément le pied, car on n'en revient qu'avec des dettes, des désirs malsains, des regrets énervants ; ce désordre produit son effet accoutumé : les mêmes ravages que la pénurie des moyens opère dans la toute petite propriété, on voit alors l'incurie, le défaut de prudence, l'intempérance aussi, les porter trop souvent dans les fortunes moyennes; il est donc rare que les trois quarts du village ne soient pas pénurieux ou obérés. Aujourd'hui le paysan aisé est celui que l'administration appelle au conseil municipal, honneur très-convoité, très-recherché, car c'est une contagion que le goût de la puissance. Le maire, c'est en général, le paysan riche; c'est le tyran altier de ce petit empire; le préfet et le sous-préfet le caressent; car les élections officielles ne réussiraient pas sans lui.

Parmi les manouvriers, parmi ces propriétaires gênés ou ruinés, quel est celui qui n'a pas quelque chose à souhaiter ou à craindre? C'est une contravention à éluder, un délai à obtenir du percepteur, un lit qu'on sollicite à l'hospice voisin; ce sont mille nœuds et mille chaînes, dont on a le cou serré; la seule main puissante, la seule secourable, c'est le maire; c'est pourquoi tout le monde est à ses pieds. Telle est l'égalité, telle est l'indépendance qui règne au village; telle est la force morale, telles sont aussi les libres adhésions, les adhésions raisonnées que la politique y va chercher.

CHAPITRE VII

CHAPITRE VII

LE PATRIOTISME DU PAYSAN

Le paysan, instrument passif de la raiso d'Etat est patriote, et c'est la raison d'Etat qui le dit, parce qu'il ne refuse rien à la raison d'Etat. Ecoutez les serviteurs gagés de la raison d'Etat, les prôneurs salariés de la raison d'Etat, tous ces parasites, qui la soutiennent, parce qu'ils en vivent; d'après ces bons juges, les mauvais citoyens, les factieux, les ennemis de la chose publique, ce sont ces hommes modestes et laborieux, ces bons et béats contribuables, qui payant sans murmure et exactement leurs contributions, et ne demandant leur pain qu'à leur travail, résignés à tous les risques qui suivent la condition d'homme dans la vie sociale, osant néanmoins retenir et exercer le droit de discuter le pouvoir, de juger le gouvernement, de surveiller cette opération qui leur est si utile ou si nuisible,

Ce pauvre contribuable, qui repaît de ses épargnes le gouvernement et les parasites du gouvernement, et qui a le bon sens de s'intéresser à la politique, pour la juger, pour la diriger, quand c'est possible, c'est, pour les souteneurs de la raison d'Etat, un révolutionnaire, presque un ennemi public. Mais le paysan que la raison d'Etat pousse ét fait aller comme une bête de somme, est, si vous en croyez les journaux de la raison d'Etat, ses publicistes et ses ministres, le modèle de toutes les vertus; et cela, parce que le cœur du paysan, reste dans la désaffection générale, ce cœur, où la crainte habite seule avec l'envie, le seul asile où la raison d'Etat trouve toute la servilité qu'il lui faut.

Ainsi, après avoir mis nos affaires dans l'état que l'on sait, on voit à quels principes et à quelles doctrines la raison d'Etat a recours pour justifier nos malheurs et ses fautes.

S'il n'y avait que de la démence en cela, on excuserait cette démence; on l'expliquerait au moins, pour la raison d'Etat, et pour ses comparses, d'un côté par l'attrait d'un si grand rôle, si longtemps convoité en vain, donné à l'improviste un certain jour par un caprice de la fortune, saisi avec l'énergie furieuse, qui caractérise les grandes ambitions; de l'autre côté, par l'appât si séduisant des honneurs et des succès faciles.

Mais dans ce bouleversement du sens commun, dans cette négation des vérités les plus claires, n'y a-t-il vraiment que de la démence ?

Le patriote a étudié l'histoire de son pays ; il sait quand et comment sa nation s'est formée ; son cœur s'est ému des luttes qu'elle a soutenues au dehors, des crises qu'elle a subies au dedans ; il a reçu et il porte en son âme, comme un dépôt sacré, le sentiment de ses joies et de de ses douleurs passées; il vit ému et enflammé de toutes ses passions, de tous ses mécomptes, des succès obtenus et des représailles à exercer; il ne pense pas à ce qu'elle doit être, sans y rapporter ce qu'elle fut; c'est le sein d'une mère, sur lequel il se sent placé, avec un peuple de frères; voilà à quels traits le patriotisme éclairé, le patriotisme sérieux se reconnaît.

Il est pourtant encore une condition, sans laquelle le patriotisme n'est qu'un mot; il faut encore que le citoyen ait l'esprit assez élevé et l'âme assez grande pour confondre son existence personnelle avec cette vie traditionnelle et collective; si devant son pays, il est capable de faire abnégation de lui-même, alors seulement il sait bien ce que c'est que le patriotisme, il est alors réellement à la hauteur de ce sentiment généreux.

Si vous ajoutez à tout cela un esprit suffisamment cultivé, une raison assez pénétrante pour bien comprendre les conditions favorables, ou contraires, de la prospérité publique, ainsi que les rapports de subordination et de solidarité qui relient la destinée individuelle au sort de la communauté; si vous y joignez enfin la passion du bien public, un soin jaloux de l'honneur national, le goût du progrès pour le progrès même, à ces conditions, vous aurez, sans contredit, le citoyen parfait, le patriote accompli.

Sans nul doute, un tel homme sera pour sa patrie un citoyen aussi utile que dévoué; le gouvernement dn pays ne pourra trouver en lui qu'un juge éclairé et intègre; ne se laissant pas entraîner par les caprices et les injustices de la fortune, il ne s'irritera pas de ce qui peut et doit être excusé; sans se rendre complice des malheurs publics, il en éloignera les menaces, autant qu'il le pourra, ou il en atténuera les effets par une modération prudente et sage; il saura, sans heurter un pouvoir ombrageux, opposer aux fausses mesures et aux exigences excessives cette résistance pacifique, ces efforts discrets, qui retiennent ou ramènent tôt ou tard dans la bonne voie les gouvernements trop infatués d'eux-mêmes ; car, s'il n'est pas possible à un mauvais gouvernement de faire par lui-même de bons citoyens, des citoyens reconnaissants et satisfaits, il est du moins possible à des citoyens éclairés, qui sont en même temps des hommes modérés et sages, de tirer pour la communauté, même d'un mauvais gouvernement, un bien passable. Telle est donc la nature du vrai patriotisme, telles en sont les marques, tels aussi les effets.

Si c'est le contraire que vous avez ; si, au lieu de cette science, vous ne trouvez qu'une grossière et profonde ignorance, et que le citoyen qui s'offre à vous, loin de savoir l'histoire de son pays, n'en connaisse pas même la géographie ; si les habitants du département voisin sont des étrangers pour lui ; si à ses yeux, le pays, sa patrie, son village, se mesure à l'ombre de son clocher ; si, en dehors de ses aventures personnelles, rien dans le passé, rien dans le présent, rien dans l'avenir, n'a pu jamais ni ne pourra l'émouvoir ; si les lois de l'économie sociale, si les principes de la justice distributive, si la liaison des causes et des effets, dans les drames de la politique, sont des problèmes impénétrables pour son esprit; s'il ne peut s'intéresser à rien de ce qui constitue la vie commune, par cela même et par cela seul qu'il ne sait ce que c'est que tout cela; si pour lui tout homme est un ennemi, toute gêne une cause d'antipathie et de défiance, tout dévouement spontané une chose contre nature et hors de raison; s'il ne sait qu'opprimer sans pitié le faible, et se courber sans résistance devant le fort; si toutes les règles de la vie se réduisent pour lui à un égoïsme étroit et intraitable; à ces traits vous reconnaîtrez, non pas le patriote, mais le paysan, c'est-à-dire cet électeur, qui est l'électeur parfait entre les mains de la raison d'État.

Prenons le paysan tel qu'il est, et déplorons l'état dégradé où il est sans lui en faire un crime; ne perdons pas de vue l'isolement et les malheurs de sa condition; la civilisation n'arrive pas jusqu'à lui; les progrès de la richesse publique, si féconds pour les classes ouvrières des villes, n'exercent pas d'influence sensible sur le sort des paysans; les idées surtout, les arts, les sciences, passent sans s'arrêter pardessus leur tête : un livre, un tableau, un journal, une jouissance quelconque d'art ou de littérature, le pauvre paysan n'en a pas la moindre idée; à quoi il faut ajouter que la condition ainsi dépeinte est, au plus bas, en France, le sort de vingt-cinq millions de vieillards, d'hommes, de femmes, d'enfants, isolés et disséminés dans nos départements agricoles. Donc, ne les condamnons pas, mais plaignons-les.

Pour changer la condition du paysan suffit-il du mensonge officiel ? Dans son intempérance, dans sa violence, dans son aveuglement, hélas! la raison d'État se fait arme de tout. A la bourgeoisie qui comprend tout, elle oppose le paysan qui ne comprend rien; au patriotisme éclairé et délicat, elle oppose un individualisme grossier et stupide; avec des votes de paysans, elle édifie des majorités colossales, et elle se dresse au sommet comme sur un pilier d'airain! Paysan, pour la raison d'État, cela répond à tout, et cela répond de tout. Avoir pour soi les paysans, c'est l'empire avec la popularité, avec une sécurité entière, jusqu'à la fin des siècles: avec les paysans, la raison d'État se flatte de créer une nation nouvelle, une civilisation nouvelle, M. Baroche leur donnant la fidélité, M. Rouher des passions droites et sincères, et M. Duruy leur soufflant la science et l'humanité. Véritablement, la raison d'État en veut à tout; le peu de sens que nous avions, elle nous l'ôte. Mais qu'attendre de pareilles illusions? Est-ce vraiment avec des paysans qu'on se flatte de réorganiser les Etats? et compte-t-on sur de tels moyens pour fixer le sort, jusque-là si mobile, des empires et des dynasties!

CHAPITRE VIII

CHAPITRE VIII

LE PAYSAN ET LA POLITIQUE

On ne connaît pas le paysan, on ne peut pas comprendre les bornes de son esprit, si l'on n'a pas vu des yeux, et mesuré du pied et de la main, la sphère étrcite où son existence est enfermée.

Il faut le plaindre et on le plaint : ceux qui ne l'ont jamais vu, des parisiens, des hommes d'Etat formés sur l'asphalte du boulevard, des publicistes, que le seul enthousiasme officiel inspire, peuvent vanter la droiture, la perspicacité, le patriotisme élevé du paysan; on ne s'étonne pas de ces illusions, involontaires ou payées : mais après tout la sincérité est le plus cruel, sans doute, mais elle est aussi le plus rigoureux des devoirs.

Si les pierres du Pont-Neuf avaient des

oreilles et des yeux, elles ne s'étonneraient de rien, elles sauraient et comprendraient tout, elles discuteraient les opérations financières de M. Haussmann, elles surveilleraient les faits et gestes de M. Bismark, elles s'intéresseraient peut-être aux relations de la Turquie avec la Grèce ; car le Pont-Neuf, avec ses pierres, est parisien.

Mais si l'on eût mis? ici qui nommer? le publiciste le plus ingénieux, le plus habile, le plus fameux entre tous, au moment où ses yeux s'ouvrirent au jour, et que l'enveloppant de son tablier, la sage-femme l'eût emporté dans les bois, pour le laisser grandir et se développer au fond du quelque chaumière, sur le sommet des Alpes, ou dans les vallons de la Creuse ; au lieu de dogmatiser un beau jour sur les grandes questions de la politique française et européenne, tel esprit dont la force étonne serait parvenu à peine à distinguer la châtaigne du marron ; et sa pensée n'eut certainement jamais dépassé l'horizon de ses noyers et de ses chênes ; car sans les occasions, sans les excitations extérieures, il n'y a pas de développement possible pour l'esprit.

Entre le paysan et la politique, il y a mille fois plus loin que de M. Baroche au vrai talent et de M. Rouher à l'inspiration franche et sincère.

À cet homme qui de sa vie n'a vu ni une mappemonde, ni une carte d'Europe, ni le moindre trait qui lui figurât la forme et la configuration de la France ; qui est incapable d'orienter son village dans son département ; qui aborde l'habitant du village voisin, avec autant de défiance que l'hôte fauve de la forêt voisine; qui n'entend plus le patois parlé de l'autre côté de sa montagne ; qui n'a hanté que son ombre dans les champs ; vous supposez le souci du bien public, le goût des questions politiques, un attachement raisonné pour tel système, politique ou bien social, qui est bien le vôtre, mais qui ne peut aucunement être le sien !

À ce petit propriétaire jaloux et inquiet, dont l'œil gauche ne cesse de dévorer le champ d'autrui, dont l'œil droit ne cesse de pleurer sur les bornes étroites du sien propre ; dont l'âme, avec toutes ses facultés, est tout entière attachée, est toujours à jamais soudée, à sa terre, à son étable à son mulet ; vous prêtez le désintéressement large et impersonnel du philosophe et du publiciste !

À ce charretier qui disparaît, jusqu'aux oreilles, sous la fange, en hiver ; sous la poussière en été ; dont toute l'énergie s'épuise, tout le long dc l'an, à jurer et à lutter contre la bête qui ne marche pas, contre la roue qui craque, contre le charriot qui penche ; vous abandonnez avec confiance les subtils problèmes qu'agitèrent en vain tous les sages de la rue de Poitiers !

A ce charbonnier, toujours seul dans sa forêt, avec son bissac alternativement plein et vide ; qui passe son temps, de l'aurore à la nuit, à côté du renard et du merle, dans son taillis ; qui ne quitte la hache que pour tomber, écrasé de fatigue, sur son lit de fougère ; vous livrez les fines balances où se pèsent les mérites divers des grands hommes et les chances contradictoires des partis !

A ce journalier, malade et indigent, qui ménage moins la substance de son propre corps que le fer de sa serpe ou de sa bêche ; qui n'a et ne peut avoir qu'une seule préoccupation au monde, à savoir de ne gagner pas moins dans les jours courts que dans les jours longs ; vous supposez l'envie délicate de complaire à M. le préfet, et de faire à ce noble ou à ce riche les honneurs de la chambre ! O politique de la raison d'Etat, quelle simplicité !

Pour le propriétaire rural, ne le savez-vous pas, il n'y a pas d'autre question au monde que celle de son maïs et de son avoine; le bucheron ne pense qu'au prix du fagot qu'il coupe ou qu'il transporte; le colporteur, qui passe, est convaincu que, pour lui, tous les problèmes de la destinée humaine sont épuisés dès qu'il a obtenu, de la fermière qu'il visite, une assiette de soupe, un verre de vin et quelques sous; le petit cultivateur ne peut jamais s'arracher au souci de ce qu'il doit et de ce qui lui manque.

Ainsi vont-ils et vivent-ils, tous tant qu'ils sont, absorbés chacun en son coin par les gênes de leur situation et les misères de leur existence!

Exaspérés par les rudes conditions où ils sont tenus de porter le poids de la destinée humaine, au moindre dépit, au moindre choc entre eux, ils tombent dans des transports insensés et sauvages.

Hélas! l'intérêt matériel et personnel est la seule étincelle qui s'allume en eux.

Ils ont peur les uns des autres, ils pèsent lourdement les uns sur les autres; parmi eux, les moindres différences de fortune produisent les effets les plus pesants sur les relations et sur les mœurs; la chimère de l'égalité est là tellement impossible qu'on n'en y trouve pas même le rêve.

Les semences naturelles de la morale se conservent à peine et ne se développent pas, dans ces consciences éternellement rongées par la misère et par l'envie.

Donc, nul horizon pour l'esprit, pas de culture de raison, et au cœur, nulle chaleur généreuse, chez ces solitaires, chez ces déshérités, pour qui la colline aride et la forêt sombre sont la limite du monde et de la vie.

Dans les grandes villes, dans les capitales, la science, la vraie science, la science forte et exacte, reste sans doute le lot exclusif du petit nombre et le privilége des savants : néanmoins il se détache là, de la sérieuse et grande science, une sorte de poussière féconde, qui se répand dans l'air et sur la terre, et qui entre, par l'heureuse vertu de sa nature, jusque dans les organes les plus grossiers ; c'est pourquoi, dans les grandes villes, dans les capitales, la plus infime organisation est fécondée jusqu'à un certain point par les lumières communes.

Mais il n'y a pas de lumières communes, il n'y a point d'idées générales, on ne sait point, on ne peut pas savoir ce que c'est qu'une question politique ou sociale, parmi nos pauvres populations rurales.

La raison d'état s'imagine que les paysans

savent l'histoire et qu'ils gardent le culte des grands souvenirs!

On a vu quelque part, en 52, un vieux paysan qui avait fait les guerres du premier empire; il approchait de la centaine; cependant ce grand âge l'avait courbé sans le briser; ses hautes épaules, il était de grande taille, s'inclinaient en avant; mais ses hautes jambes ne vacillaient pourtant pas, des reins secs et pas de ventre; sa figure sèche et maigre s'éclairait d'une paire d'yeux, un peu ternes, mais intelligents : c'étaient là, comme on disait au village, les restes d'un rude homme, des restes encore beaux et bons; il gouvernait encore sa famille, et il vivait à quelques lieues d'une grande ville.

Cette grande ville avait éprouvé un trouble profond, aux tumultes de 48; au coup d'état, en 52, cette émotion s'était renouvelée en elle et autour d'elle. Le coup d'état, si bien servi par ce nombre prodigieux d'ambitieux, que l'on vit prêts d'avance et si ardents à la curée, exécutant sa première razzia sur la matière électorale, notre paysan ne put échapper à la réquisition; pourtant au moment de voter, il s'arrête et il demande de quoi il s'agit. — De Napoléon, lui est-il répondu. — Oh! reprend-il, tout étonné, est-il donc revenu de l'île d'Elbe? — Cela se passait tout près de cette plage où revenu de l'île d'Elbe, le grand empereur avait débarqué; mais notre paysan avait vécu cinquante ans, étranger à tout, même au dénouement de l'épopée napoléonienne. C'est ainsi qu'ils prennent part, les paysans, aux événements contemporains. Tels sont aussi les sentiments, telle est la science qu'ils portent dans la politique.

CHAPITRE IX

CHAPITRE IX

LE DROIT ET LA CAPACITÉ DU DROIT

Dans le suffrage universel, tel qu'il fonctionne depuis vingt ans, y a-t-il sincérité, moralité, intelligence ?

Oui, dit M. Rouher, oui, dit la raison d'état, quand il nomme les candidats que nous lui présentons, le suffrage universel est intelligent, moral, sincère.

Oui, disent les candidats officiels, investis du mandat par les votes qu'obtient la pression du gouvernement ; puisqu'il nous a nommés, sous la pression du gouvernement, le suffrage universel est intelligent, moral, sincère.

Non, répond l'opinion libérale ; en perdant sa liberté, le suffrage universel perd sa sincérité ; dès qu'il a perdu sa sincérité en perdant sa liberté, il perd du même coup sa moralité.

Si, réellement, il existe des électeurs, qui prennent aveuglement et passivement leur bulletin des mains de l'administration, avec l'intention expresse et exclusive d'obéir à l'administration, des électeurs de cette qualité là, ou ne sont pas intelligents, ou ne sont pas sincères.

Tel est le désaccord qui agite les esprits, sans profit pour le gouvernement, au détriment certain et manifeste de la paix publique.

Et pourtant dans toute question d'élection, tout se réduit à savoir si l'électeur qui a élu, avait intellectuellement et moralement qualité pour élire.

D'élections faites par des femmes ou des enfants, on n'en voudrait pas, on n'en veut pas, les lois interdisent et refusent formellement aux femmes et aux enfants le droit d'élire; elles ferment non moins rigoureusement l'entrée des comices aux adolescents qui sont censés n'avoir pas acquis encore la plénitude de leur raison, et aux hommes faits, chez qui, par un trouble accidentel des facultés, la raison s'est éteinte ou affaiblie; enfin, les droits électoraux sont ravis avec une rigueur vengeresse, avec une sorte de solennité expiatoire, à ceux que la justice flétrit, et qu'elle signale comme désobéissant à leur conscience pour n'obéir qu'à leur intérêt : de là, dans ce qui fait la légitimité des élections, la simplification la plus heureuse : l'électeur est-il apte à élire? Si oui, l'élection est bonne et bien faite ; si non, elle est mauvaise et entachée de nullité; elle ne constitue, pour celui qui l'a obtenue, aucune espèce de droit.

Certaine et indiscutable, quant à la bourgeoisie, la capacité d'élire paraît moindre, sans être insuffisante pourtant, dans les classes ouvrières des villes, parce que la bourgeoisie les rapproche de son propre niveau ; mais elle manque absolument aux paysans, quelque honnêtes qu'ils soient. Car, sont-ils plus intelligents que l'aigrefin, que la loi écarte du scrutin? Parce qu'ils ont des cheveux blancs, ont-ils plus d'idées ou des idées plus justes que l'adolescent des villes? Parce qu'ils sont mâles et adultes, entendent-ils la politique mieux que les femmes ou les enfants? Ou bien, la loi qui les fait électeurs, a-t-elle le pouvoir de changer leur nature?

Suivez-les dans leurs procès, voyez ce qu'ils savent faire, dans leurs relations avec les avoués, les avocats, les juges? Ils ont des droits légaux ; quel usage en font-ils? Observez-les comme témoins, quand ils comparaissent devant la justice? Pouvez-vous dire que leur capacité s'élève avec leur fonction? Il n'est pas possible de se faire illusion sur ce point; la raison d'Etat y peut trouver son intérêt, mais la raison de tout le monde n'y trouve pas le sien; car la raison qui raisonne ne peut pas trouver bon que l'on prenne des mannequins pour des hommes.

Le gouvernement, rendons-lui cette justice, sait très-bien ce qu'il en est; il a pris très-exactement la mesure de l'état moral du paysan; voici ce que dans son livre bleu il en dit cette année même:

« Le nombre des Français qui ne savent ni « lire ni écrire, est encore de près du quart; « et, après leur avoir appris à lire dans l'école « du premier âge, il faudra les habituer, dans « l'école du soir, au bon et fructueux emploi « de la lecture : malgré l'étonnant succès des « cours d'adultes, nous ne sommes pas à la fin, « mais au début seulement de cette œuvre de « civilisation. »

En commentant ce livre bleu, un bon juge ajoute :

« Le nombre des Français, absolument ignorants, est encore de près du quart : s'il y a vingt-cinq pour cent de nos compatriotes qui ne savent ni a ni b, combien y en a-t-il, dans les soixante-quinze restant, qui, étant censés savoir lire, lisent véritablement, c'est-à-dire de manière à s'instruire et à comprendre ? car ce n'est pas le tout que d'être en état de lire, il faut en avoir le loisir et le goût ; il faut avoir, en outre, de quoi lire : questions navrantes, quand on songe que tous les Français sont tous politiquement égaux, tous électeurs, tous éligibles ! »

Eligibles, non, ils ne le sont pas, en ce sens qu'ils ne prétendent pas au mandat législatif, ces incapables, ces ignorants, ces mineurs de la politique : un pressentiment secret a cette année couru dans Paris, il avait déjà couru dans les grandes villes de province ; les ouvriers, a-t-on dit, songeraient à prendre cette année leurs candidats parmi les ouvriers : cette idée, si vraiment elle existe dans Paris, n'est pas nouvelle en France ; dans les deux ou trois grandes villes de province, où il y a de grandes masses d'ouvriers, on a pensé plus d'une fois, depuis 48, à produire pour le mandat législatif, des candidatures ouvrières ; mais jusqu'ici ces démangeaisons sont restées sans effet ; dans les grandes villes, et surtout dans les petites, à la longue et après réflexion, les classes ouvrières finissent toujours par se confier à la tutelle de la bourgeoisie.

Instruits et lettrés, les ouvriers des villes ne le sont pas, ils ne peuvent pas l'être ; mais ils sont guidés par la bourgeoisie, qui est aux classes ouvrières ce que la tête est au corps; tenons donc pour certain que les ouvriers, même à Paris, n'abuseront pas de l'électorat; soyons également assurés que, comprenant à merveille la nature et la hauteur du mandat législatif, et d'accord avec la bourgeoisie sur ce point, ils sauront, au moment décisif, porter leur vote sur les candidats les plus capables et les plus dignes; mais par malheur, on n'en peut pas dire autant des paysans.

M. Duruy l'a dit naïvement, en parlant de l'instruction du peuple :

« Nous ne sommes pas à la fin, mais au début seulement de cette œuvre de civilisation ! »

Il a raison; on a donné le droit de suffrage universel aux paysans; mais pour s'en servir, toute lumière, toute moralité leur manque !

Ils sont électeurs, mais ils ne sont pas civilisés !

CHAPITRE X

EFFETS DU SUFFRAGE UNIVERSEL SUR LES POPULATIONS RURALES

Que la loi, d'où le Suffrage universel résulte, ait pris sa source dans un sentiment élevé et généreux, c'est incontestable.

Mais il ne faut pas oublier que cette loi est sortie de l'explosion de 48.

La Révolution de 48 fut l'œuvre exclusive de Paris; la Province n'y était pour rien; la province n'accueillit cette révolution qu'avec stupéfaction, et elle n'y adhéra que par un sentiment de crainte. Les lois organiques, que cette révolution se donna avec plus d'enthousiasme que de réflexion, bonnes pour Paris, ne valaient rien pour la Province.

Cela fut vrai, cela est resté vrai, surtout à l'égard du suffrage universel.

A Paris, le suffrage universel a donné dès

l'abord et il produit encore des fruits de liberté; dans quelques grandes villes de Province, il ne s'est pas non plus tourné invariablement contre la liberté, parce que les ouvriers n'y sont pas sans lumières; mais partout ailleurs, et dans presque tous nos départements, surtout au sein des populations rurales, il n'a servi qu'à mettre des masses aveugles et inertes dans les mains des préfets.

Dans l'état actuel du pays, le suffrage universel a beau s'exercer avec les formalités de la loi dans les bourgs et dans les cités, dans le dernier de nos villages comme à Paris : pour le philosophe, pour tout observateur sérieux, ces formalités n'ont qu'une apparence vaine.

Que cette loi soit équitable, cela ne peut pas être contesté; qu'elle soit la conséquence première et nécessaire d'un principe fondamental et inviolable, celui de la souveraineté nationale, nul n'y contredit; qu'il ouvre pour la liberté, pour le bon gouvernement, pour la paix et la prospérité du pays, une ère nouvelle, pas de dissidence là-dessus : oui, comme principe, le suffrage universel est une conquête précieuse et qu'il faut retenir à tout prix.

Mais, comme ressort politique, rien de plus imparfait; rien de plus vicieux, rien de plus funeste au progrès politique, que cette première forme qu'il s'est donnée : en son état actuel, il retarde le progrès politique, au lieu de l'accélérer; et peu s'en faut que, provisoirement du moins, il ne le rende tout à fait impossible.

Donc, excellent en soi, ce principe se discrédite par les effets qu'il produit; son moindre inconvénient est de nuire à ceux-là même qu'il sert, en refusant à leur victoire toute sanction de bon sens et de justice.

Mais de plus, il dissout le pays, il en met les éléments en contradiction trop flagrante les uns avec les autres; l'homme disparaît, le bulletin seul reste et compte; l'élection devient, non pas un jugement de l'opinion, mais un chiffre; le député apporte à la Chambre, non pas un mandat, mais une addition; le vote est de plus en plus un acte sans individualité, sans vie et sans nom; on croit avoir des comices et un peuple, et l'on n'a que des opérations administratives; on éteint le peuple, le peuple des campagnes surtout, au lieu d'inoculer à ce pauvre peuple un peu de vie et d'esprit politiques.

La centralisation a produit cette dissolution; par excès de centralisation, l'Etat est pour l'individu un poids qui l'écrase; dans les grandes villes, un peu de réaction est possible; une pensée politique n'entre pourtant que bien difficilement dans les petites villes; à deux pas de Paris, allez dire aux bateliers d'Asnières, ou aux journaliers de Nanterre, de s'entendre entre eux pour quelque chose d'utile au pays; éloignez-vous de Paris, visitez les contrées agricoles, et là vous trouverez le paysan isolé, tout seul, les oreilles fermées, les yeux bouchés pour tout ce qui est de la vie publique; aux approches d'une élection, ne lui parlez pas des intérêts généraux du pays; celà est trop audessus de sa portée.

Donc l'organisation du suffrage universel, dans les contrées agricoles, est toute à remanier. Les paysans ne se rapprocheront pas, ils ne se concerteront pas, ils n'échangeront jamais des vues et des idées entre eux, si on ne laisse pas dans leur cadre naturel la vie et les intérêts des campagnes. L'impulsion qui vient de Paris, vient de trop loin, ils la subissent sans y rien comprendre, ils en sont troublés et ahuris; il y a même trop loin d'eux au Préfet, le village reste étranger au chef-lieu du département; la pression de l'autorité arrive sans doute partout, mais aucune sorte de vie commune ne pénètre à d'aussi grandes distances; de là l'indifférence et la stagnation d'esprit du paysan; sous la pression d'une centralisation irrésistible, son vote n'a pas de sens; et dût-il voter ainsi pendant cent ans, il resterait un siècle entier sans savoir ce que voter veut dire.

Cela changerait, s'il votait au chef-lieu de l'arrondissement, si chaque arrondissement nommait un député qui lui fût propre; il faudrait, bien entendu, que la centralisation renonçât aux candidatures officielles, et même qu'elle n'intervînt plus dans l'élection des conseillers municipaux, et encore qu'elle cessât de nommer et d'imposer les maires : de la liberté partout, c'est-à-dire de la vie, une vie commune et s'activant, se nourrissant d'elle-même, dans la commune, dans l'arrondissement, dans ses cadres naturels; sans quoi, cela se voit, la vie locale s'éteint par la pression excessive des influences extérieures : avec la centralisation, avec l'émiettement du pays, avec l'ingérence immodérée de l'administration, les lois les plus libérales ne servent à rien, ou ne servent qu'à remplacer un peuple par la poussière d'un peuple.

CHAPITRE XI

LES CANDIDATS ET LES PAYSANS

Que le gouvernement ait des députés pour leur faire un sort heureux, cette ingénieuse charité l'honore : mais qu'il trouve dans le suffrage des paysans une sanction, c'est-à-dire un contrôle sérieux, cela ne se peut pas : « laissez » venir, dit-il, l'électeur rural; car son vote » est un acte d'adoration; ni science, ni rai- » sonnement, ni connaissances d'aucune sorte; « un pur acte de foi, un pur hommage avec « crainte et tremblement. » A ces conditions, oui, le suffrage rural, du moins pour la raison d'État, est excellent; mais à parler sérieusement, est-ce là le suffrage?

Maître du suffrage rural par les maires, qui sont à lui plus encore que les préfets et sous-préfets, le gouvernement donne le mandat législatif à qui il veut, c'est entendu?

Mais que vaut pour le service du pays et quelle force apporte au gouvernement ce qu'il y a de mieux parmi les candidatures officielles?

Cynope est entré dans ce monde à l'état de chien errant : à force de trotter sur ses grosses pattes, il a découvert une maison opulente : c'était le soir, et toutes les portes étaient fermées : il ne s'en est pas moins arrêté là pour aboyer aux passants; le matin, quand on a ouvert la grande porte, on l'a trouvé un peu crotté; mais on a vu qu'il avait la gueule large, la machoire solide et la dent forte; on a déposé devant lui l'écuelle et la soupe, et il a pris le tout comme son dû; dès-lors, dans cette maison opulente, on l'a gardé, car on a vu qu'on chercherait en vain un gardien plus terrible ou plus robuste: par l'effet d'un tremblement de terre, cette maison princière s'est écroulée; Cynope alors est allé ailleurs; il a fini par en trouver une autre que l'on bâtissait, plus opulente encore et toute neuve; avant qu'elle fût achevée, Cynope s'était couché sur le seuil; s'y trouvant bien, il n'en a plus bougé; le maître du logis ne passe point sans lui gratter le dos; la pâtée est savoureuse et plantureuse; aussi chaque jour la voix de Cynope devient plus formidable, et avec l'âge, ses crocs aussi sont plus tranchants.

Sitôt que le gouvernement l'a voulu, le suffrage rural a nommé Cynope.

Le baron d'Aglaé s'ennuyait, il ne jouissait de rien, ni de sa naissance, ni de ses talents supérieurs, ni de ses sentiments chevaleresques; c'était comme un jeune premier au rebut dans un théâtre abandonné; de l'argent, il en avait de reste; de la puissance, pas assez; par suite, ni adulation, ni hommages pour lui; mais enfin, il a trouvé une cour, un monarque qui sait régner, un ensemble parfait d'institutions et de mœurs monarchiques; alors le baron a pu saisir un morceau d'influence solide dans un bloc de pouvoir fort; depuis il fait des lois, et même, de temps en temps, au gouvernement il fait de la morale; se tournant au bon moment vers le pouvoir, il lui dit : « de la grandeur, vous en avez tout ce qu'on en peut avoir; mais vous manquez d'énergie, vous ne vous défendez pas assez; il faut que je veille sur vous. » Cela dit, il descend de la tribune pour aller aux ministères et à la cour; partout, on le devine, il est reçu comme un sauveur; on le caresse et il triomphe; cela fait, le baron est content, et le gouvernement aussi. Mais le paysan qui l'a nommé, qu'y gagne-t-il ? La prospérité de tout un pays ne dépend pas de la satisfaction d'un galant homme.

Anatole est le petit-cousin de son cousin ; ou du moins, il est le neveu de son oncle ; ou mieux encore, il est le fils de son papa. Le gouvernement lui a dit : « Vous êtes des miens, vous m'appartenez par la vertu même du sang. » C'est pourquoi, dès que son vieux parent s'éloigne par fatigue ou maladie, la place vacante est pour lui ; comment pourrait-elle être à un autre ? il s'agit d'implanter la fidélité politique dans les familles, sans intermission aucune et à perpétuité. La candidature officielle, passée à l'état d'hoirie, est la perfection de la candidature officielle et la meilleure ancre d'un gouvernement nouveau. Anatole est, d'ailleurs, beau garçon ; il est gai et aimable ; il figure avantageusement dans les splendeurs de la vie parisienne ; il fait courir ; plus mûr, il se trouvera tout formé pour les grands emplois. Où pourrait-il mieux les attendre qu'à la Chambre ? c'est aux paysans à lui en ouvrir les portes : le gouvernement le veut, un préfet quelconque le désigne aux suffrages, et Anatole passe à l'unanimité des voix.

Mais qu'est-ce que le suffrage qui est forcé de donner le mandat législatif au terrible Cynope, au chevaleresque d'Aglaé et à l'aimable Anatole?

Le paysan qui les nomme, ne les connaissant pas, on demande si moralement il est au-dessus ou au-dessous d'eux; si, au-dessus, pourquoi son jugement ne se manifeste-t-il que sous la forme de la foi et de l'hommage? Si, au-dessous, cet hommage est insolent.

CHAPITRE XII

DEGRADATION DU PAYSAN

La nature humaine est ainsi faite, qu'avant l'action, quelle qu'elle soit, il lui faut un peu de pensée : poussé par la pensée d'un autre, l'enfant lui-même ne s'intéresse à rien, pas même à ses jeux; en tout, la liberté est la vie de la vie; le manque de liberté engendre incontinent le mépris de soi-même; le sujet de raillerie que l'esclave antique ménage le moins, et où il se complaît le plus, dont il abuse avec une sorte de ténacité féroce, c'est lui-même; et l'on ne doit pas s'en étonner; car ce sont là, pour l'homme, des lois que la nature même a faites; nul n'y échappe, et il ne faut pas être un grand philosophe pour en ressentir les effets; ce qui n'est pas spontané, ne se fait qu'avec répugnance; comment l'homme, même au plus bas degré de l'échelle, irait-il sans douleur à l'acte involontaire? Ne faut-il pas lier la brute et l'accabler de coups pour disposer d'elle? suivre la pensée d'autrui, agir pour l'intérêt d'autrui, et en cela ne céder qu'à un sentiment de dépendance ou d'impuissance, c'est consentir à s'annihiler jusque dans son âme : tout inculte que soit le paysan, il s'aperçoit de cette dégradation, et il la sent avec douleur.

Ce n'est pas tout; car ce premier mal en amène inévitablement un second : dans les âmes les plus simples, le mépris de soi conduit vite au mépris des autres; avec la servitude vient l'immoralité ; on ne craint plus autant de mentir à autrui, dès qu'on a menti à soi-même; cette divine pudeur de l'âme, qu'on a une fois dépouillée, ouvre la voie au méfait ou au vice, et il n'en faut plus que l'occasion : dès qu'on a cédé à l'ascendant d'autrui, pour le profit d'autrui, comment se défendre d'exercer, à son propre profit, une contrainte semblable sur les autres? Ainsi la politique devient pour le paysan, qui ne s'y porte pas de lui-même, une école de corruption; elle le pousse à des hardiesses déloyales, dont, sans cela, il n'eût jamais eu la pensée; tout au moins, il apprend ainsi à se faire un jeu de ce qu'il y a de plus élevé et de plus grave dans les relations sociales; il se moque de cette souveraineté, qu'on lui reconnaît, en le mettant sous le joug; quant au pouvoir, qui se joue ainsi de sa liberté, à quel autre sentiment peut-il s'attendre qu'une indifférence mêlée de crainte ?

S'il subit tout passivement, s'il vote stupidement et aveuglément, c'est bien pis; car l'effet d'un tel vote répond nécessairement à la nature d'un tel vote; toute portée morale, toute sanction morale en est absente.

La raison d'État ne connaît pas l'homme, elle veut fonder des gouvernements, et elle ne sait pas gouverner; elle ne souffre aucune limite à son autorité, et elle dépense tout son génie à se créer des obstacles; à force d'exagérer le pouvoir, elle arrive à l'impuissance : l'abstention des paysans est un dernier hommage que la nature des choses réservait à la liberté.

CHAPITRE XIII

ABSTENTION DU PAYSAN

En fait, le paysan s'abstient. Pas une élection rurale, ou le tiers au moins des électeurs ruraux ne s'abstiennent. Pour peu qu'on les laisse libres d'agir à leur guise, les paysans restent chez eux ; même le dimanche, le temps d'aller au scrutin, et d'en revenir, à leur estime, est du temps perdu. Le paysan ne se dérange pas sans motif, et en cela ne fait-il pas comme les grands seigneurs et les princes?

Il a moins de temps à perdre; pour qu'il se remue, il faut donc que quelque puissance lui pose la main sur l'épaule; dans ce cas, il se décide à se mettre en marche, mais non sans défiance, et même, pour peu qu'il sente des influences contraires, il n'avance qu'en tremblant; il se fait violence dans l'espoir de plaire à l'un, mais il se cache de peur d'offenser l'autre ; le vote n'est donc pour lui qu'un danger et qu'une corvée ; libre et seul, il ne vote pas.

Prenez un total de quinze mille suffrages, et décomposez-le : pour cinq mille voix d'ouvriers ou de bourgeoisie, citadine ou rurale, vous aurez dix mille voix de paysans : poussez l'enquête un peu plus loin, et pour dix mille paysans qui ont voté, vous en trouverez dix autres mille, qui n'ont pris à l'élection aucune part, ni directe, ni indirecte.

CHAPITRE XIV

DU ROLE SOCIAL DU PAYSAN

Le paysan n'est pas fait pour la politique. Entre le législateur et lui, il n'y a ni lien matériel, ni lien moral. Ses yeux n'aperçoivent pas les affaires générales du pays. Les questions intérieures lui échappent, tout autant que les questions extérieures. En matière de politique, une idée luttant contre une idée, un parti combattu par un autre parti, les tendances et les réactions contradictoires, tout cela, chose claire et familière dans la sphère où le gouvernement s'agite, est pour lui un inconnu que des voiles impénétrables environnent à tout jamais; car il est hors de l'Etat, hors de la nation, hors de la civilisation, hors de toute tendance progressive et idéale, aussi isolé, aussi immobile, aussi renfermé en lui-même que la borne de son champ, aussi enterré que le roc de sa colline.

Il est si bien défendu par son ignorance, que la promiscuité démocratique, qui a jeté de nos jours un si grand trouble dans la concience publique, ne peut pas aller jusqu'à lui.

Ce luxe, ce privilége tout aristocratique, de penser pour penser, de concevoir ou de discuter des théories, de faire cet effort par raisonnement et de s'y complaire, suppose des loisirs qu'il n'a pas. Sa pauvreté, ses fatigues, les limites matérielles de son existence, lui interdisent cette étendue de pensée; les mêmes lois qui fixent irrévocablement les bornes de sa situation économique, arrêtent à ce même point, tout local et tout personnel, les développements de son esprit; il n'est citoyen qu'en tant que soldat et contribuable; si, comme producteur, il subit l'effet de circonstances plus générales, ce sont là des choses qu'il ne peut ni comprendre, ni modifier; en tant que consommateur, il se suffit à peu près; comme homme, il se renferme en lui-même, par la profession, par l'esprit, souvent même par le langage; il ignore tout, jusqu'au patois de son voisin.

Son malheur est dans son isolement : à quelque point de vue qu'on le prenne, ce qu'il est, il l'est par l'effet de son isolement. Un moindre isolement est la première et essentielle amélioration que son état comporte. Rapprochez-le des hommes, insérez-le dans un milieu actif, engagez-le dans un mouvement qui excite et étende sa vie, si vous voulez que son esprit s'ouvre au progrès. Mais pour cela, ne comptez pas sur le suffrage universel, ni sur les candidatures officielles. L'Etat est trop loin de lui. A cette distance énorme, touché par la main de l'Etat, il s'étonne et recule, au lieu de s'approcher. On ne rattachera pas le paysan au mouvement social, en jetant l'influence de l'Etat de haut en bas, et du sommet aux extrémités, sans degrés successifs et sans action intermédiaire ; toute communication immédiate est impossible entre le paysan et l'homme d'Etat.

On ne fera rien, si l'on ne concentre au préalable, dans l'arrondissement, plus près et autour des populations rurales, une vie commune, strictement locale, et bien homogène. En même temps, il conviendrait d'organiser sérieusement la commune rurale ; car la commune d'aujourd'hui, dans la généralité des cas, ne mérite pas le nom de commune ; considérée en ce qu'elle devrait être, la commune rurale n'existe presque pas.

Cinq cents âmes, mille âmes et plus, cent

ou deux cents chaumières, ou plus encore, voisines et juxta-posées, ne constituent pas un centre suffisant de vie commune, ni un foyer où la civilisation générale puisse descendre.

L'histoire ici est bonne à consulter. La Grèce démocratique, l'Italie démocratique, les municipalités du moyen-âge, n'étaient pas uniquement des agglomérations de populations rurales. La civilisation n'a prospéré et fleuri dans ce cadre, qu'à deux conditions : premièrement, une vie commune très-concentrée, une cité réelle, complète, distincte; secondement, une variété et une hiérarchie, complète aussi, de conditions, de capacités, d'industries; une sorte d'humanité, aux proportions plus ou moins réduites, mais où pourtant rien ne manquait, de ce qui initie au progrès, ou de ce qui le réalise ; à cet égard, en fait d'organisation sociale, l'histoire fournit suffisamment l'exemple et le modèle; le lien fédératif est la seule chose qu'il nous reste à inventer pour perfectionner l'organisation de grands états.

On connaît les campagnes, on a vécu dans ces déserts, on y a mesuré l'éparpillement, les obstacles et les distances : mais on oppose l'état présent, l'état réel des choses aux améliorations désirées : relier tant de bourgades, tant de hameaux, que tout sépare, cela ne se peut, dit-on.

Mais aujourd'hui, l'action de l'Etat ne connaît plus d'obstacles, cela se voit assez. Paris était la capitale des lumières. On en a voulu faire la capitale du matérialisme et des plaisirs ; on y a réussi. Mais il eût fallu moins d'argent pour installer, en mille lieux, où il n'y a rien, pas même des hommes, pour placer au bon endroit, une bonne église, une bonne école, des chemins commodes, à bonne portée de ces pauvres petits villages, désunis et désolés, qui eussent trouvé là le point d'attraction pour une agglomération progressive.

La population, jusqu'ici, reste en France, où le hasard l'a placée. Cependant l'Amérique nous prouve que l'assiette de la population admet des créations radicales et hardies. Routiniers à notre dam, ne serons-nous jamais inventeurs à notre avantage ? Sur cent arrondissements, il n'y en a pas dix, en France, où l'avenir ne commande de jeter, dans ce sens, des amorces et des jalons, judicieusement placés. Entre ces avortons de village, éclopés et décrépits, jetons donc quelques semences de villes, qui puissent les centraliser et les animer quelque jour. Si l'on veut jamais faire de chaque centre agricole une petite société, qui soit, dans ses bornes étroites, aussi complète que possible, de tels remaniements sont nécessaires ; ils ne seraient sans efficacité nulle part.

Renonçons d'ailleurs à forcer la nature du paysan. Il ést inutile d'en vouloir faire un politique, un fondateur de dynasties ; il serait d'ailleurs trop dangereux d'y réussir : le jour où le paysan, imitant le maçon de M. Haussmann, se serait épris de Paris, que deviendrait ce pays? Qui resterait-il pour labourer, pour couper le bois, pour faire le charbon, pour botteler le foin, pour soigner le bétail, pour le garder, l'élever et l'engraisser? Que le ciel préserve les paysans de la haute politique et des idées générales!

Mais le suffrage universel existe ; comment le supprimer ou le réduire? Le paysan a voté déjà ; comment lui dire qu'on l'en dispense désormais? C'est par l'universalité du suffrage que la souveraineté nationale s'exerce, et ce mécanisme, faux et ridicule au fond, ne laisse pas, vu par le dehors, de paraître imposant et spécieux ; d'accord ; mais, pour en corriger l'imperfection, il n'y a qu'à le livrer à lui-même. Que la raison d'Etat consente à laisser le paysan tranquille ; et, à sa grande joie, il ne votera plus du tout, il s'abstiendra, et sera heureux de s'abstenir ; ou bien, s'il vote, il ne le fera que par l'impulsion et sous la direction de la bourgeoisie ; cela suffit pour donner au suffrage la gradation qui seule peut l'assainir.

CHAPITRE XV

INFLUENCE DE LA BOURGEOISIE RURALE SUR LES PAYSANS

Avec l'ouvrier des villes, les illusions du socialisme sont dangereuses. Mais ces illusions ont moins d'accès dans l'esprit du paysan. Avec une sentimentalité inhumaine, on affecte trop de s'occuper de son bien-être; il serait plus humain de ne pas chercher à le tromper, de ne pas irriter ses convoitises; car on sait bien que la condition du travailleur ne peut pas changer.

La richesse est chose accidentelle; mais la pauvreté, le travail pénible, la lutte, toujours aiguillonnée et toujours aigrie par le besoin, est chose universelle et éternelle. Le paysan le sait bien, et il ne l'oublie pas, parce qu'il ne lit ni livres, ni journaux, parce que ces imprudentes excitations ne peuvent aller jusqu'à lui, parce que dans sa solitude et dans sa nuit, il n'entre rien, ni la bonne science, ni la mauvaise.

Il n'en est plus ainsi de l'ouvrier.

A Paris surtout, le malheur de l'ouvrier, est d'avoir partout à ses côtés l'opulence fastueuse, et d'assister à tous les raffinements de la mollesse. Vainement lui direz-vous qu'il vit de ce luxe et de cette mollesse, et que retrancher l'un et l'autre, ce serait couper la mamelle qui le nourrit; c'est le langage de la froide raison, mais l'ouvrier ne l'entend pas. A Paris, tout s'envenime par l'excès des contrastes et des distances. L'envie y étouffe le sentiment de la justice.

A la moindre explosion de ces convoitises, toujours brûlantes et fatalement inassouvies, Paris s'étonne; il croit voir, dans son trouble, une végétation soudaine de sophismes, et comme une poussée subite d'herbes malsaines, qui sortiraient tout à coup du sol. Paris se trompe; car, depuis qu'il est ce qu'il est, le théâtre de la vie élégante, l'officine ingénieuse de tous les plaisirs, le rendez-vous de toutes les vanités et de tous les vices, le socialisme haineux et envieux y a pris racine. L'opulence insultante y traîne forcément après elle la misère irritée et frémissante. Paris s'effraie du socialisme, sans comprendre que ce chancre est naturellement attaché à ses flancs, et qu'il n'en sortira jamais.

Dans les campagnes, rien de pareil. La différence devient de plus en plus sensible, à mesure qu'on pénètre plus avant parmi les populations rurales. Au centre de l'arrondissement, quelques chefs d'administration, quelques magistrats, quelques marchands, quelques bons propriétaires, des avocats, des hommes de loi, riches modestement, ou respectablement aisés; autour d'eux, de laborieux et de paisibles artisans; pas de misère, pas de souffrance, qui ne soit connue à temps et soulagée; dans les cantons, des juges de paix, des médecins, quelques petites industries, une aisance modeste qui se répand par des canaux faciles; par suite un ordre que rien ne trouble, un repos profond, une subordination qui ne pèse pas, une attache réciproque de bon vouloir et de respect : dans les villages, la vie est un peu plus dure; les améliorations matérielles n'en savent pas la route; beaucoup de chemins vicinaux, promis solennellement et à propos, sont encore à faire; la vie intellectuelle et morale, surtout, a peine à tirer ces dormants de leur sommeil; mais, pour lent qu'il soit, le progrès n'y paraît pourtant pas impossible; il s'y activerait assurément, si la vitalité locale n'y était pas déconcertée par des ingérences extérieures; c'est la pression administrative, venue de Paris, et des secousses inconsidérées d'action politique, c'est l'intempérante raison d'Etat, qui troublent et paralisent, dans ce monde des champs, le mouvement naturel.

Il faut que l'arrondissement devienne un tout concret, et que le département disparaisse, afin que les éléments divers de ces petits centres se puissent enfin sentir chez eux. Forcés de se tourner vers le chef-lieu du département, ils se débandent et s'isolent; ils s'affaiblissent en proportion; ils perdent toute énergie propre et toute vie, parce que toutes les forces utiles se portent au dehors. Le préfet a les yeux sur Paris. Le conseil général se règle sur le préfet. Le mouvement collectif du chef-lieu rayonne sur les départements voisins. Les conseils d'arrondissements ne trouvent dans leurs mains que des attributions étroites et stériles. Ainsi tout le mouvement est en dehors; il ne vient que du froid aux extrémités; c'est l'atrophie autant pour la vie sociale de ces milieux que pour leur vie politique.

Laissez vivre entre eux ces paysans et ces bourgeois. Dans les élections, comme dans les affaires courantes et les relations de chaque jour, laissez-les se mêler, se solidariser, autant que faire se peut, les uns avec les autres.

Livrés à eux-mêmes, ces paysans et ces bourgeois ruraux s'enhardiront, ils s'habitueront à s'occuper sérieusement de leurs propres intérêts. Mais par là même, ils en viendront à établir entre eux des relations plus intimes. De haut en bas, la civilisation ne se répand que par degrés, et en suivant ses canaux naturels. Tant que le gouvernement central voudra traiter directement avec les paysans, il les isolera sans doute de la bourgeoisie, qui est autour d'eux, mais il n'agira sur eux que par la crainte : or la crainte ne produit ni l'attachement ni le respect. Au contraire, si les paysans restent livrés à la seule influence de la bourgeoisie rurale, comme les bourgeois ruraux lisent seuls des livres et des journaux, comme ils ont seuls l'esprit ouvert aux lumières communes, la civilisation générale descendra par eux petit à petit jusqu'aux paysans. La civilisation de Paris, il ne faut pas se lasser de le dire, est déjà excessive. Exagérée par la raison d'Etat, elle ne fait plus que du mal aux provinces, sans aucun mélange de bien. Si l'on veut replacer la vie du pays, et le progrès de la civilisation, dans ses conditions normales, à la bourgeoisie des villes la direction des ouvriers des villes, et à la bourgeoisie rurale la direction exclusive des paysans.

CHAPITRE XVI

LA BOURGEOISIE ET LA REPRÉSENTATION NATIONALE

Si la bourgeoisie n'est pas numériquement tout l'Etat, moralement c'est en elle que l'Etat tout entier se concentre et se résume.

Sans la bourgeoisie, le peuple ne serait qu'une masse sans mouvement et sans ressort.

Supprimer la bourgeoisie, et ne laissez, dans le pays, que des paysans, et vous retomberez à l'instant plus bas que l'ancien régime, car vous n'avez plus de grands seigneurs ; plus bas que le moyen-âge, car vous n'aurez plus ni la féodalité, ni l'église ; plus bas que l'invasion germanique et la domination romaine, car, dans ces diverses dominations, il y avait encore une classe supérieure et dirigeante ; vous retomberez dans cette barbarie extrême et primitive, où tout lien social manque, où la provision la plus élémentaire d'art, de science, et de richesse, reste encore à former.

Supprimez la bourgeoisie, et vous viderez l'institut; supprimez la bourgeoisie, et vous n'aurez plus ni hommes d'Etat, ni administrateurs, ni juges; supprimez la bourgeoisie, et toute richesse, toute élégance, toute ambition, tout germe de progrès s'éteindra du même coup; suprimez la bourgeoisie, et vous supprimez à l'instant même toute notion de nationalité et de patrie.

Les liens les plus étroits rattachent la nation tout entière à la bourgeoisie : elle tient au peuple, puisqu'elle se recrute dans le peuple; le [illegible], laborieux, heureux, c'est l'homme du peuple qui a réussi, à force d'économie, d'ambition intelligente et de courage; avec nos lois de succession, la fortune acquise n'est plus qu'un viager; comme une eau qui passe, la bourgeoisie disparaîtrait en un jour, si le flot montant du peuple ne l'alimentait sans cesse.

Les paysans, non plus, ne restent pas étrangers à cette évolution si utile et si nécessaire; dans les campagnes, comme dans les villes, le peuple est une pépinière d'hommes forts; il semble même que là les courages s'élèvent avec les obstacles; c'est pourquoi l'on voit dans toutes les carrières, dans les arts libéraux, comme dans l'industrie, cette race vaillante monter au premier rang; ajoutons que cette élévation du prolétaire de naissance profite toujours de quelque manière à la petite ville, ou au village, d'où ces parvenus héroïques sont partis.

Ignorants et obscurs, ils en sont partis; plus instruits et moins pauvres, ils y reviennent; la chaumière natale se transforme alors en maison commode; la ferme, où l'industrie agricole s'enrichit enfin des progrès de la science, est à eux; ils batissent et animent l'usine qui multiplie le travail et qui accroît les salaires ; à tous égards du reste, le paysan, qui a su trouver le moyen de s'instruire, qui a réussi à améliorer sa destinée, qui s'est élevé à la hauteur de la civilisation contemporaine, aime le progrès pour les autres autant que pour lui, et il le porte volontier là où il sait qu'il manque; ainsi le rôle et l'œuvre de la bourgeoisie sont les mêmes et dans les villes et dans les campagnes; la bourgeoisie est donc en toute vérité, l'élément principal et le corps pour ainsi dire de la société contemporaine, et de toutes parts l'intérêt privé, comme l'intérêt public, s'appuie et s'élève sur cet unique fondement.

Donc en fait et en droit, le gouvernement de la société, comme capacité et comme droit, appartient à la bourgeoisie ; auteur de tout le bien qui se fait, elle est responsable de tout le mal qui arrive ; expliquer les événements par des coups de majorité, par des influences individuelles, par des restaurations et des coups d'État, c'est mettre la responsabilité où elle ne doit pas être.

Quand les princes ont perdu la puissance, ils la ressaisissent, comme ils peuvent, et quand ils la tiennent de nouveau, rien ne leur coûte pour la garder ; en cela ils ne font que leur métier de princes.

L'aristocratie renait avec les cours, elle déchaîne le luxe à la suite des pompes monarchiques, elle remplace l'honneur par l'orgueil, et se fait même quelquefois une industrie de ses vices ; mais c'est là son destin.

L'extrême concentration du pouvoir amène l'extrême concentration des forces sociales, si bien que la tête attire tout le sang, tandis que les extrémités perdent leur substance ; mais c'est là cette centralisation dont la perfection du despotisme ne peut plus se passer.

Maintenir l'ordre, pratiquer l'épargne, répandre sur tous les points l'équilibre du travail et du salaire, ceux-là seuls le peuvent, qui ont besoin de stabilité, pour qui le bénéfice est l'aliment du travail même, dont la fortune est solidaire de la fortune de l'ouvrier, dont la mission est de tout animer et de tout pousser, mais en même temps de retenir chaque chose dans sa juste mesure.

Force de mouvement, au centre de la société, force d'opposition, par rapport aux extrémités, tant par en haut que par en bas, la bourgeoisie, qui ne sait pas saisir et retenir dans ses mains le gouvernement de la société, ne fait plus que travailler à la ruine de l'Etat et à son propre suicide.

CHAPITRE XVII.

LES FAUTES DE LA BOURGEOISIE

La bourgeoisie n'a eu en France qu'un beau jour : comprendre les fautes du gouvernement, elle l'a toujours su faire; remettre le gouvernement dans sa voie avec vigueur et à propos, elle ne l'a fait qu'une seule fois : c'est là l'honneur, mais c'est aussi le regret, qui reste attaché à 1830.

Ayant à séparer d'une main délicate la stérilité du passé d'avec la vitalité du présent, mais voulant aussi orienter l'avenir sur le présent par des vues justes et sagement progressives, la bourgeoisie de 1830 comprit et proclama qu'il fallait relever le trône, mais l'entourer d'institutions républicaines : en adoptant ce beau programme, elle avait trouvé avec sa propre loi, celle de la société européenne; mais elle ne sut pas s'y tenir.

Aveuglée ou distraite au delà de toute excuse, par son succès même, elle s'engourdit trop vite dans l'ivresse de sa prospérité. Il faut en convenir, ce système avait donné, dès le début, des résultats merveilleux. Jamais le bien-être ne s'était répandu sur un grand pays d'un cours plus égal et plus tranquille ; jamais le progrès matériel n'avait pénétré et ranimé si vite toutes les parties du corps social ; jamais, non plus, les divers éléments du progrès, la liberté politique, l'élan de la littérature et des autres arts, l'élasticité et l'aisance de la vie sociale et de la vie politique, jamais une sève forte et jeune n'avait coulé plus abondamment dans toutes les parties du corps social ; si l'on ne regardait qu'à ces beaux commencements, la période de 1830 serait, sans contredit, l'âge d'or de notre histoire.

Mais, par l'effet même de cette prospérité matérielle, l'esprit politique de la bourgeoisie se voila ou s'affaiblit ; un jour vint où elle parut se retirer tout à coup de la vie publique. On vit alors un gouvernement, timide, comme elle, et court de vue, se roidir contre ce progrès libéral, qui sortait de la situation même, et que le plus simple remaniement des lois électorales eût satisfait : la faute du gouvernement fut, en ce temps-là, de mettre tout son enjeu sur des riens, ou en d'insignifiantes parties de parlementarisme et de presse : mais la faute de la bourgeoisie fut aussi de s'endormir au point de ne plus sentir l'extrême médiocrité de ses hommes d'État, ni les périls de leurs mesquines entreprises. La réaction s'égarant, et les institutions républicaines manquant, un jour qu'il soutenait une de ces petites luttes dans un de ces petits sentiers, le gouvernement trébucha, et ne rencontrant pas, pour l'appuyer, le bras du pays, il fit une lourde chute, la chute de 48; qui fut étonné de ce coup, au point d'en perdre l'esprit? ce fut la bourgeoisie; mais la réflexion venait trop tard.

Les institutions républicaines manquant, la bourgeoisie étant sortie du gouvernement, la république arrivait, tout informe et toute crue; venu au monde à contre-temps, l'enfant énorme et difforme ne marchait qu'en chancelant; rien n'était prêt, ni pour son installation, ni pour sa nourriture, ni surtout pour la discipline que la violence de son tempérament exigeait : ici nouvelle faute de la bourgeoisie : apathique avant 48, elle fut, après 48, plus que jamais, égoïste et pusillanime.

Encouragé et sanctionné par les frayeurs de

la bourgeoisie, le coup d'État se chargea de la rassurer, et, comme il le dit, au bon moment, il entreprit de sauver le pays. A l'heure qu'il est, sa durée historique égale, à peu de chose près, celle de la monarchie de juillet. De la monarchie de juillet, il n'en faut plus parler; elle s'était trompée, elle en a porté la peine. Mais il faut se demander maintenant si le progrès normal a repris sa marche, dans l'équilibre de l'autorité et de la liberté, entre un gouvernement fort et une nation pas trop gênée, pas trop accablée.

On ne dresse pas ici des actes d'accusation; à quoi cela servirait-il? C'est en face de l'avenir qu'on se place; c'est pourquoi l'on ne discute le présent, que pour y chercher les conditions de ce progrès libéral, de ce progrès sain et paisible, auquel, depuis 89, la France aspire, sans l'atteindre, et sans pouvoir y renoncer.

Les sentiments, dont la bourgeoisie est animée présentement, se voient assez à l'attitude qu'elle a prise dans ses comices : dans les villes, là où la majorité du nombre appartient à la bourgeoisie, l'opposition triomphe à tout coup; pour contrebalancer cette opposition, pour l'annuler, le gouvernement en est réduit à s'appuyer sur les paysans, à ramasser des majorités insignifiantes à travers la plèbe inerte des campagnes. Démissionner, on ne le lui demande pas, et de sa part il ne faut pas s'y attendre; atténuer de lui-même la hauteur avec laquelle il est entré en scène, il n'en a pas le courage; substituer un programme national à un programme de dynastie et de famille, à des abstractions et à des systèmes, enfants malsains d'un long et douloureux exil, il le pourrait, mais on l'en détourne, et ses ennemis sont moins intempérants et moins téméraires que ses amis.

De là cette situation étrange, une bourgeoisie effrayée, et presque désespéréé, d'une part; et d'autre part, un gouvernement qui tend tous ses ressorts, jusqu'à les user, jusqu'à les briser, par la violence même de la compression qu'il exerce.

Avec cela, dans les questions extérieures, les incidents les plus malheureux : au dedans, un silence inquiet, une torpeur mortelle, en face d'une autorité que l'immobilité, la soumission la plus absolue, ne parviennent pas à rassurer; au dehors, ni la guerre, ni la paix, un vent d'orage intermittent et capricieux, qui ébranle successivement toutes nos frontières; en un mot, une angoisse, comme on n'en vit jamais.

Mais encore ici, l'auteur du mal, le seul auteur responsable, c'est la bourgeoisie.

Car, qui nourrit ces soldats, qui paie ces chassepots, qui entretient ce luxe? qui souffre ces hésitations, qui éternise ces tâtonnements, qui aigrit cette irritation? qui manque au devoir d'imprimer à la vie nationale une direction précise et nette? qui tarde tant à dire aux étrangers : voici ma limite, je n'ai nul souci de la franchir ; mais où je m'arrête, j'entends que vous vous arrêtiez aussi? qui néglige de revenir directement aux questions intérieures, et d'y rentrer sans arrière-pensée? qui ne tente même pas d'indiquer à la raison d'État les justes limites de son ingérence? qui se consume enfin dans un chagrin stérile, si ce n'est la bourgeoisie?

Elle est le pays même, elle est le pays tout entier, elle est le droit, elle est la règle et la lumière ; elle est la puissance ; pour ranimer la vie politique, pour rendre la sécurité et l'activité à l'industrie, pour rétablir chaque chose dans son vrai rôle et dans sa dignité, la bourgeoisie seule a la force nécessaire et elle voit que le pays est perdu, si elle ne sait pas en user! qui expliquera son inertie? et jusqu'à quand durera-t-elle?

CHAPITRE XVIII

UNE MAJORITÉ D'OPPOSITION EST NÉCESSAIRE

Si ce gouvernement est sincère, s'il veut réellement souffrir quelque liberté, s'il n'est point dans ses desseins secrets de supprimer quelque jour toute représentation sérieuse; s'il veut s'appuyer vraiment, non sur la conquête et la force armée, mais sur la souveraineté nationale, il lui reste une dernière épreuve à subir, la plus grave de toutes, mais la seule décisive; il faut qu'il souffre, au moins une fois, une majorité d'opposition, et qu'il se résigne à transiger avec elle.

Une majorité d'opposition est sans doute une échéance incertaine, mais c'est, sauf la date, un événement certain et inévitable : que le restaurateur de la dynastie bonapartiste y échappe pour sa part, et que cette malechance soit réservée à quelqu'un de ses successeurs, rien, on le reconnaît, n'est plus vraisemblable.

Quant à la terreur, l'empire, en effet, n'a que trop réussi; en fait d'énergie, on le croit capable de tout; personne en France n'a été surpris de la vigueur avec laquelle le soldat a crossé le bourgeois de Nîmes; les soixante mille chassepots assemblés au cimetière Montmartre, contre une centaine de flaneurs, étaient un cas prévu : en fait de répression terrible, en fait d'exécution impitoyable, en fait de destruction absolue, l'opinion a spontanément et d'avance résolu tous les doutes; on s'attend à tout; on ne porte même plus, dans le calcul de ces éventualités, que les exagérations d'une imagination effarée; c'est pourquoi, quant aux troubles de la rue, quant aux tentatives de sédition, l'empire restant dans la main qui le détient, pour le présent, cet établissement n'a rien absolument à craindre. Mais le temps à ses droits, et il ne peut manquer de faire son œuvre habituelle; il change et renverse tout, les situations, les méthodes et les caractères; après un Henri IV, il amène un Louis XIII; à Louis XIV, il donne un Louis XV pour successeur; il se plait à joindre bout à bout les extrêmes et les contrastes.

Les grands comparses du coup d'Etat ne sont pas non plus immortels. Laisseront-ils des rejetons dignes d'eux, capables de continuer leur œuvre? Jusqu'ici, un Fortoul a pu être remplacé par une capacité égale; mais à qui recourir, après M. Duruy? où trouver un autre Troplong, un autre Maupas, un autre Rouher, un autre Baroche? Ces pousses colossales épuisent le tronc qui les produit. Il n'y aura pas d'exception pour ces hommes rares. Que deviendra ce système, ce lourd système du 2 décembre, lorsque ses pères nourriciers, ses gouverneurs, ses souteneurs héroïques, seront entrés dans l'asile où Baudin repose, et d'où l'on ne revient pas?

Est-il raisonnable d'espérer que dans cette situation nouvelle, il n'y aura rien de changé?

Le paysan lui-même ne pourrait-il pas changer? L'état normal du paysan, l'on en convient, c'est bien l'ignorance, c'est la peur, c'est la torpeur, qui accompagne la peur. Mais la peur même a ses emportements Dans un coin de la Saintonge, il entrait naguère dans l'esprit des paysans que le clergé machinait contre eux, on ne sait quel mauvais coup. Aussitôt les voilà qui s'ameutent et qui se ruent tant sur les curés que sur les églises. Or, ils n'ont pas la main légère, lorsqu'ils s'emportent, ces bons paysans, et leurs folies sont des atrocités. Cela est d'hier. On aurait tort de l'oublier, il y a là, sous la civilisation, un volcan de barbarie. Ils ont peu de passions, nos malheureux paysans, parce que leur situation contient dans d'étroites limites leurs amours et leurs haines. Mais leur âme est pleine d'envie, de souffrances et de colères concentrées. C'est une grande imprudence que de les engager dans les luttes politiques ; et l'on s'expose à des mécomptes graves, si l'on compte à tout jamais les dominer.

L'armée est un instrument plus sûr. Quand on a su convertir en soldats toute la jeunesse des campagnes, on a mis du même coup les villes dans un étau de fer. Qui oserait troubler la paix publique, sachant qu'on peut jeter sur lui cent mille soldats en vingt-quatre heures? Mais cette immense armée a deux inconvénients : en temps de paix, elle étrangle le travail industriel et agricole, elle consomme trop rapidement l'épargne du pays ; en temps de guerre, si la fortune le voulait bien, la population du pays serait exposée à des atteintes mortelles ; que resterait-il de ces grosses armées, après une guerre de cinq ou six ans? Il nous faut huit ans, huit contingents annuels de cent mille hommes, pour former un armement complet: si, dans une grande guerre de cinq ou six ans, il fallait renouveler une ou deux fois cette immense machine, la population du pays n'en serait-elle pas tarie dans sa source pour quinze ou vingt ans? Ce sont là des expédients puissants; mais ils ont des inconvénients énormes; si l'on n'en use pas, ils fatiguent et énervent le pays; et si l'on venait à trop en user, pour peu que la fortune se detournât de nous, ils finiraient par nous détruire.

Ainsi, la raison d'État, qui veut innoculer un nouvel esprit monarchique au pays, ne peut cependant pas compter pour cela sur le paysan et le soldat; chaque jour, cela se voit, sans avancer d'un pas, elle y dépense, en pure perte, une force énorme; et cela, par peur d'une crise, qu'elle ne peut pourtant pas éviter; car, à moins de supprimer toute vie nationale, à force de la comprimer, il faudra bien que tôt ou tard elle accepte le contrôle de la bourgeoisie.

Le moment est venu d'accepter ce contrôle avec le moins de risques; l'établissement du 2 décembre est encore dans toute sa vigueur; il n'a perdu que son prestige; mais ce n'est nullement une révolution que la bourgeoisie demande; après avoir donné carte blanche au gouvernement du 2 décembre, elle le trouve peu chanceux et mal inspiré; en cette situation que peut-elle demander, sinon que le gouvernement du pays soit rendu au pays lui-même? Que faut-il pour lui donner satisfaction, sans le moindre danger pour l'établissement actuel? Retirer des élections la main du gouvernement, cesser de soulever les campagnes contre les villes, se résigner enfin, une fois en vingt ans, à une majorité d'opposition? C'est une transaction qu'il s'agit d'opérer. Le gouvernement ne risquerait pas grand chose à la tenter. Cette transaction faite, l'intérêt dynastique une fois fondu avec les intérêts du pays, la paix naîtrait de la modération, l'opposition tomberait devant la bonne foi, et la vie nationale reprendrait sans doute un cours régulier et tranquille. Mais s'il advient que les élections, qui approchent, refusent à la représentation nationale, cette liberté et ce relief, si nécessaires, on peut prédire que les difficultés présentes ne feront plus que s'aggraver.

CHAPITRE XIX

RÉSUMÉ ET CONCLUSION

Contrariées par les événements extérieurs, après le 18 brumaire, les idées napoléonniennes ont pu, à la chute du premier empire, conserver leurs illusions; elles pouvaient dire qu'à l'intérieur, elles n'avaient pas été suffisamment expérimentées.

Investies du gouvernement, et restaurées, au 2 décembre, avec le pouvoir le plus libre et le plus fort qu'il y eut jamais, dans cette nouvelle épreuve, les idées napoléonniennes, après dix-huit ans d'épreuve, après avoir épuisé tous les artifices et toutes les violences de la raison d'Etat, aboutissent à l'adhésion aveugle et forcée des paysans, au parasitisme monarchique dans les rangs supérieurs de la société, aux fureurs du socialisme dans la population ouvrière de

Paris, au découragement et à l'épuisement, matériel et moral, de la bourgeoisie.

On ne parle point de toutes les alliances, rompues au dehors; ni de l'antagonisme, ou même de l'hostilité déclarée, qui nous environnent de toutes parts; comparé à notre détresse intérieure, cet isolement, où l'étranger nous tient, est, après tout, le moindre de nos maux : si la guerre doit sortir de nos relations actuelles avec l'étranger, les désastres, que le bonapartisme nous a déjà attirés, seraient un pis-aller connu et qui une fois déjà nous a écrasés, sans nous détruire; la paix donc, quoiqu'il pût arriver, réparerait les maux que la guerre nous aurait faits.

Mais au dedans, malgré la docilité des paysans envers la réquisition électorale, bien que les ouvriers de Paris, devant le chassepot, impitoyablement braqué sur eux, ne fassent plus d'émeute, malgré la résignation avec laquelle le pays supporte un budget énorme, malgré la pompe du gouvernement et les magnifiques installations du nouveau Paris, la France se meurt d'atonie et d'anémie, et il est évident que c'est le système des idées napoléonniennes qui la tue ainsi.

Donc ce système ne lui convient pas.

Donc encore, à ce système, il se fait temps d'en substituer un autre.

Cet autre système, ce système réparateur et sauveur, c'est, si les aspirations nationales pouvaient jamais atteindre leur but, ce but précis et marqué si nettement par toutes les phases de notre histoire, c'est le gouvernement du pays par le pays même, et, pour parler nettement, la bourgeoisie acceptée, comme conseil et comme pouvoir modérateur, par le pouvoir exécutif, quel qu'il soit.

Entre le parasitisme incurable de la classe supérieure et l'irrémédiable abjection des paysans, ce qui entretient le luxe du gouvernement et des parasites du gouvernement, ce qui procure au paysan un peu de vie morale par les idées, et un peu d'aisance matérielle par le placement de ses produits, ce qui soutient le travail industriel et la circulation de la richesse, tant à l'intérieur qu'à l'extérieur, la vraie et unique mamelle du budget, ce qui pense, ce qui étudie, ce qui lit, ce qui, sur son fonds propre, alimente et soutient le mouvement de l'art de la science, l'agent tout-puissant et l'agent unique de la civilisation nationale, ce qui résume et concentre en soi toutes les forces utiles du pays, le pays même, pour tout dire, c'est la bourgeoisie.

On sait ce qu'a été la bourgeoisie dans le passé : jusqu'en 89, elle s'appelait le tiers-état; après le coup, porté par 89, à la noblesse et au clergé, la bourgeoisie ne s'est plus appelée le tiers, parce qu'elle est devenue réellement le tout; et comme, avant 89, tout l'essentiel du mouvement social avait petit à petit passé dans ses mains, de même, depuis 89, toutes les fois que la civilisation française a repris son état normal, elle a été l'œuvre propre, et, en quelque sorte, la fonction politique et sociale de la bourgeoisie : l'histoire nationale ne commence, à dire vrai, qu'avec l'apparition de la bourgeoisie; elle ne se soutient, dans ses phases successives, et ne se développe utilement que par le progrès de la bourgeoisie; aujourd'hui, la France en est venue au point que la bourgeoisie, ayant ses racines dans le peuple et la tête dans les plus hautes sphères de l'administration, dépositaire, pour le passé, de toutes les traditions nationales, chargée, pour l'avenir, de toutes les aspirations du pays, et agent unique de sa destinée, a seule désormais qualité et titre pour conduire sagement les affaires du pays. On ne parle ici ni du babouvisme, r [illegible] des traditions de 93; les sensibleries socialistes de 48, avec les extravagances, parlées ou écrites, qui les avaient précédées, ou qui les ont suivies, toutes ces folies et toutes ces injustices, aboutissant à des utopies subversives et impraticables, on les repousse ici avec le même mépris : la bourgeoisie en a reçu un discrédit fâcheux, un affaiblissement d'influence dont la société entière a souffert, et qui est, sinon la cause unique, au moins une des causes principales du malaise présent; mais, depuis que la raison d'Etat s'est substituée à tout, depuis que la destinée de la nation française, avec toutes les fonctions de la civilisation française, se voit réduite et rétrécie à la question d'une quatrième dynastie, la bourgeoisie rencontre des détracteurs et des adversaires bien plus puissants que les philosophes socialistes; elle n'avait à se plaindre, avant le 2 décembre, que des injustices de l'opinion.

Mais depuis le 2 décembre, c'est le gouvernement, c'est la raison d'Etat, c'est une oppression impitoyable qui la réduit à l'impuissance et au silence; mais il semble qu'elle a aperçu le bord de l'abîme où la nation entière pourrait tomber avec elle ; arrêter de vive force la raison d'Etat, et exercer sur elle quelque sorte de contrainte, elle ne le peut, parce que la raison d'Etat a tout prévu, et que contre le patriotisme éclairé, pour l'écraser à son aise, elle a su saisir et mettre dans ses seules mains toutes les forces de la barbarie ; mais pourtant, en cette extrémité, en cédant à toutes les exigences de la raison d'Etat, la bourgeoisie ne peut pourtant pas se taire. La raison d'Etat se ravisera-t-elle tôt ou tard? Verra-t-elle jamais que ce système de gouvernement n'est pas français, qu'il est insupportable au tempérament de notre race, qu'on ne fera jamais de nous et de ce peuple, un esclave abject et taciturne? Elle qui a tant médité, tant dogmatisé, tant écrit, ignore-t-elle que le système de l'oppres sion morale nous est connu, que les Jésuites, l'inquisition, et le long gouvernement des prêtres, que le gouvernement de l'église a depuis longtemps fait éclater notre antipathie? Etre un pays illustre, une civilisation illustre, compter plus que personne des siècles entiers de lutte pour l'autonomie de l'esprit et de la conscience, et en venir un jour à annihiler tout en soi, les lumières, la dignité, l'espérance, à laisser tomber la personnalité comme une dépouille d'insecte mort, pour être la chose inerte de M. Rouher, de son ambition et de sa pensée ; non, cela ne se peut pas!

Malheureusement, la raison d'Etat ne le voit pas ! Elle ne nous prend même pas au sérieux, elle joue au plus fin avec nous ; voilà que depuis dix-huit ans, tout l'effort de ses ministres, de ses sénateurs, de ses députés, de ses juges, de ses commis, de ses publicistes, c'est tout simplement de légaliser le despotisme ; elle se figure qu'il n'y a qu'à nous charger les bras et les jambes de restrictions légales, pour nous rendre dociles et satisfaits ! Elle consent à ajouter la ruse à la force ; mais elle ne consent pas à se détendre. Elle tient la France comme ce robuste athlète qui avait saisi un fruit délicat et qui le tenait dans ses mains redoutables sans le presser, mais sans le lâcher ; mais, qui pour peu qu'il eût craint de le perdre, n'eût pas hésité le moins du monde à l'écraser.

Donc la bourgeoisie ne peut vaincre que par la résistance morale. Avertir la raison d'Etat par ses votes, attirer à elle, par son influence morale, le paysan et l'ouvrier, arracher, s'il se peut, à la raison d'Etat ce masque de légalité qui altère sa physionomie, amener à se contenter des délices de l'empire, sans imposer les douleurs d'une honteuse déchéance au pays, ramener ainsi la civilisation française à ses traditions et dans ses voies, telle est la tâche de la bourgeoisie, voilà le triomphe qu'il lui faut remporter par la seule énergie de sa résistance morale.

Le temps, du reste, est là pour l'aider; déjà le temps a beaucoup fait pour user la raison d'Etat; en passant doucement sur elle, en la touchant du bout de sa lime invisible, il l'use peu à peu; donc, le temps aidant, cette crise prendra fin; c'est à la bourgeoisie, c'est-à-dire à la vraie France, de tout disposer pour qu'un jour la civilisation française retrouve sa fleur avec sa liberté, et aussi, avec sa liberté, sa fécondité et sa grâce.

CHAPITRE XX

RÉSERVES QUE FAIT L'AUTEUR

Dans la machine du suffrage universel, la grosse pièce et la plus rude, la plus informe encore, en dépit d'un si long frottement, c'est l'électeur rural.

A cet égard, on peut penser autrement que l'auteur de cette étude.

Mais sur ce point, dût toute l'éloquence de la raison d'Etat se dechaîner contre lui, appuyée par toutes les voix de la majorité officielle et de l'administration, que la raison d'Etat anime de son esprit, il n'en serait pas ébranlé, car il est sûr de ce qu'il affirme.

Pour observer les paysans il n'a les yeux ni d'un sous-préfet, ni d'un préfet, ni d'un député officieux, ni d'un sénateur, ni d'un ministre. La docilité des paysans, la conformité de leurs votes avec ses intérêts, ne lui a jamais faussé l'esprit. Ne connaissant le fisc que par les impôts qu'il lui paie, ne jouant dans les luttes électorales qu'un rôle désintéressé, placé d'ailleurs par ses principes et sa profession en dehors de toutes les agitations contemporaines, seul avec ses idées, il s'est borné à méditer sur les progrès possibles; mais, dans cet examen, si parfaitement désintéressé, rien, il ne peut se lasser de le redire, ne l'a frappé comme l'incapacité des populations rurales pour la politique. Sans influence sur elles, il est sans doute à leur égard sans responsabilité. Mais encore une fois comme citoyen, une solidarité le saisit, que sa raison aggrave, au lieu de l'en dégager; dans une société, où tout se transforme avec une prodigieuse rapidité, le mécanisme électoral ne peut pas être, à ce qu'il pense, plus immobile que tout le reste. Etudier le mouvement qui entraine la société française sur cette pente est donc dès ce moment plus qu'un devoir, c'est une sérieuse et impérieuse nécessité.

Il a d'ailleurs le droit de juger les paysans, sans que sa sincérité soit suspecte de malveillance. Nul, plus que lui, ne les voudrait éclairés et meilleurs, ils le touchent pour cela de trop près. Mais pour lui, au fond, la meilleure manière de leur être dévoué, c'est de repousser pour eux une responsabilité, dont une mauvaise politique s'obstine à les charger, qui les abaisse au lieu de les élever, qui ajoute d'ailleurs à tant de maux, dont ils sont accablés, un grave danger de corruption par la servitude morale.

FIN.

Paris. — Typ. Gaittet, rue du Jardinet, 1.

www.ingramcontent.com/pod-product-compliance
Ingram Content Group UK Ltd.
Pitfield, Milton Keynes, MK11 3LW, UK
UKHW020248250726
13967UKWH00004B/1573

9 782012 986725